CW01637071

Círculo Rojo

Ricard Ardèvol Comellas

Memòries de Ricardo Ardèvol Llorens

La meva vida amb els Artistes

Memòries de Ricardo Ardèvol Llorens

La meva vida amb els Artistes

Ricard Ardèvol Comellas

Círculo Rojo
EDITORIAL

Primera edición: enero 2023

Depósito legal: AL 3857-2022

ISBN: 978-84-1159-420-2

Impresión y producción: Editorial Círculo Rojo

Editorial Círculo Rojo

www.editorialcirculorojo.com

info@editorialcirculorojo.com

Impreso en España - Printed in Spain

DEDICATÒRIA

A la nostra mare que ens va cuidar, educar i protegir.

Una dona humil, tendra i valenta que, sense fer soroll, va ser el pal de paller de la nostra família.

Mama! Et trobem a faltar!

Irene, Maite, Ricard.

ÍNDEX

Presentació 11

Pròleg de Josep Maria Pou 13

Biografia de Ricardo Ardèvol Llorens 17

1- Emili Vendrell 45

2- Joan Manuel Serrat 49

3- Mary Santpere 57

4- Joan Capri 65

5- Manolo Escobar 71

6- Conchita Bautista 81

7- Antonio Machín 85

8- Rocío Jurado 89

9- Jorge Sepúlveda 95

10- Sara Montiel 101

11- Xavier Cugat 109

12- Salomé 113

13- Bonet de San Pedro 119

14- Lita Claver, *La Maña* 123

15- Peret 129

16- Merche Mar 133
17- Carmen de Lirio 137
18- El Molino 147
19- “ I També Hi Havien De Ser “ 165
20- Un Cafè amb...
Dúo Dinámico 187
Lita Torelló 189
Hermanos Calatrava 191
Conchita Bautista 193
Jesús Moreno 195
Salomé 197
Andrés Pajares 199
Lita Claver, *La Maña* 202
Las Hurtado 205
Joan Pera 207
Amparo Moreno 210
Manolo Royo 213
Ramon 216
Merche Mar 219
Sergio Dalma 223

Epíleg 231
Agraïments 233

PRESENTACIÓ

Quan l'any 2011 el pare va decidir escriure les seves memòries se'n va adonar que ja no recordava amb gaire fidelitat les vivències i els esdeveniments més importants de la seva vida. Aleshores, em va demanar col·laboració, vaig acceptar sense dubtar-ho i vàrem decidir endegar el projecte.

Vam pensar que la forma més amena per a relatar la seva història seria mitjançant la relació professional i personal que havia mantingut amb els artistes més importants que havien treballat amb ell, a base de redactar un capítol per a cada artista.

El llibre el començo amb la seva biografia, per tal de donar a conèixer més detalls i aspectes de la seva vida i personalitat, tant en l'àmbit familiar com en el professional.

Aquestes memòries estan basades en llargues converses que manteníem per estimular els records i en les quals jo, igualment, feia les meves aportacions atès que també havia conviscut amb la majoria d'artistes que formen part del llibre. Malauradament quan la demència el va anar envaint, el projecte va quedar aturat.

A finals del 2021, ja desvinculat del món professional, vaig decidir, amb la complicitat i el suport de les meves germanes Irene i Maite, emprendre de nou les memòries.

Les fonts, la documentació per completar-les, les he buscat en els guions dels programes de ràdio que vaig descobrir en una carpeta perduda, d'entre molts documents que el pare ens va llegar.

També provenen de les entrevistes personals que he mantingut amb artistes imprescindibles, que hi havien de ser i dels quals el pare no n'havia deixat cap testimoni, només un llistat. Aquestes entrevistes, sota el títol de "Un cafè amb....." han estat una experiència molt enriquidora amb moments senzillament deliciosos.

La col·laboració d'alguns membres de la nostra família en la biografia, també ha aportat dades que jo mateix desconeixia.

El pare volia escriure aquest llibre de memòries per a la família en general però, sobretot, com a llegat per als seus nets i besnets.

Papa, t'ho devia, aquí el tens!

PRÒLEG

Guardo un record de quan jo era adolescent. Tenia catorze, quinze anys potser, no gaire més. Recordo un embalat en un poble de Catalunya, que molt bé podria ser Mollet o Granollers, els llocs on jo em movia per aquelles dates. Festa Major. Enmig del ball es fa una pausa i l'escenari s'omple amb actuacions diverses: un prestidigitador, el cantant de moda, l'humorista popular, una soprano lírica... A l'escenari, talent, entrega, professionalitat. En el públic, xerinola. Tot i que el personal segueix amb interès l'espectacle, és impossible prescindir del soroll i de la festa: el fet d'anar i venir de la gent, el xiu-xiu de les xerrades, el fru-fru dels ventalls del mes d'agost... Fins que es produeix, de cop i volta, el silenci. Silenci total. I nascuda del silenci, una veu. Una veu clara, ferma, potent. Una veu que diu, que sap el que diu, que omple de sentit allò que diu i que juga amb les paraules com si fossin argila que es treballa amb gust i ganes. Una veu que es fa escoltar. L'embalat s'omple de versos. El poema apaga la remor. El públic, amansit. I l'adolescent que era jo aleshores, del tot bocabadat davant d'allò que veu i escolta, busca en el cartell l'artífex del miracle: "Ricardo Ardévol, el rapsoda de la máxima sensibilidad".

Un altre record, d'uns anys més endavant. L'adolescent ja és un jove responsable. Tant, que li encarreguen la contractació d'una estrella de la música perquè sigui cap de cartell d'un festival que organitza un grup de joves del poble. Busco amb qui he de parlar. M'adrecen al lloc pertinent: un reputat agent artístic -el millor, em diuen. Truco i - oh, sorpresa!- qui m'obre la porta és el mateix rapsode de l'embalat, aquell del qual jo, des del primer dia que l'havia sentit recitar, m'havia après de memòria, vers a vers, paraula a paraula, tot el seu repertori. Els versos em venen de cop a la boca: *"Me lo contaron ayer/ las lenguas de doble filo/ que te casaste hace un mes/ y me quedé tan tranquilo"*... Tímid, vergonyós, no parlo de res d'això i vaig directe al motiu de la visita. Demano consell a l'expert. I surto del despatx amb la contractació feta de Lita Torelló i Francisco Heredero, que setmanes després ompliran de gom a gom el recinte del festival. La recomanació del professional va ser d'allò més encertada. I en aquell escenari i en aquell festival, soc jo el qui ara recita versos de Sagarra, seguint la petjada del mestre Ardévol: *"Guaita'm els ulls; escolta'm, criatura; / així, vora el meu pit; dona'm la mà.../ Ara no tinc la llengua prou segura: / ara no sé si et puc enraonar"*...

I encara un tercer record. Han passat uns quants anys més. Jo he fet a Madrid la meva carrera d'actor. Teatre, cinema, ràdio, televisió... Un bon dia, la itinerància del meu ofici em torna a Barcelona. Debuto en el Romea, fent teatre en català per primera vegada. En acabar la funció, el vestíbul del teatre s'omple de gent que celebra l'èxit de l'estrena. Felicitacions a dojo. I, obrint-se pas per la gentada, veig un senyor que ve cap a mi amb els braços oberts, la felicitat a la cara i un ampli somriure als llavis: "Soc Ricardo Ardévol. Em permet fer-li una abraçada? L'enhorabona! Vostè és un actoràs!". Li dono les gràcies, i li dic que ja ens coneixem, encara que ell no ho tingui present. Li explico els meus dos records anteriors. S'emociona. Em torna a abraçar. I escolto una veu interior que em diu: *"Presiento que este es el comienzo de una hermosa amistad"*. Tal qual, el final de "Casablanca".

Des d'aquell dia, no hi va haver nit d'estrena en què Ricardo Ardévol no fos sempre el primer a esperar-me i abraçar-me a la sortida del teatre. El primer a trucar-me l'endemà per reiterar la felicitació i llegir-me el que deien les primeres crítiques dels diaris, subratllant sempre el punt més bo i traient-li ferro al més dolent. Aquestes trucades es repetien, no només amb motiu de les estrenes de teatre, sinó també quan sortia alguna feina meva a la televisió, qualsevol petit comentari a la premsa, una entrevista a la ràdio... Ho llegia tot, ho escoltava tot, es desfeia en elogis vers la meva feina. Teníem sucoses converses al voltant d'allò que més ens agradava: el teatre, la ràdio, el circ, el *music-hall*... Era un savi en aquest terreny. La seva enorme experiència i els seus coneixements eren una font inesgotable de la qual jo bevia a doll. Quin gust escoltar-lo parlar amb tant d'amor del Paral·lel i del seu estimat Molino! Quin plaer escoltar les anècdotes de tants i tants artistes que havia conegut "en carne mortal", és a dir, en el seu vessant més humà, lluny de focus i lluentons. Cada trucada seva era un exemple de generositat, cada conversa una lliçó magistral, cada elogi una injecció de confiança.

De la mateixa manera, amb generositat, amb confiança i recollint magistralment tota mena de dades, fets, exemples i peripècies (mitjançant el concurs de família i amics per mirar d'omplir algun buit de la memòria del pare), el seu fill Ricard ha escrit ara aquest llibre imprescindible per poder conèixer com bategava el cor, no només de qui va ser un dels homes més importants del nostre *show business*, sinó també el d'aquell temps, tota una època, en la qual confiàvem bona part del nostre oci en les mans d'homes com Ricardo Ardévol. En el meu record, tot un senyor.

Josep Maria Pou

BIOGRAFIA

L'Home, l'Artista

Ser fill d'un artista, rapsoda, empresari i promotor artístic no és fàcil, són persones que posseeixen una sensibilitat especial sobre la resta d'ésser humans i això els fa ser diferents, per bé i per mal.

Per bé, perquè els mals tràngols, els problemes i les adversitats, els afronten de cara i se solen sobreposar amb rapidesa.

Per mal, perquè no solen tenir gaire mà esquerra ni capacitat prèvia d'anàlisi i exposen sense embuts i amb molta vehemència qualsevol argument sense valorar els danys col·laterals que puguin causar, fins i tot a persones estimades.

El pare era així, capaç de tenir una discussió irada amb un to de veu pujat que semblava que s'ensorrava el món per, als cinc minuts, estar tan tranquil fent una becaina o parlant pausadament.

En els seus inicis com a promotor artístic treballava des de casa compaginant la feina amb la ràdio, li faltaven hores i no desconnectava ni per dinar. És a dir, ho feia amb el telèfon al costat i responia qualsevol trucada. En més d'una ocasió, i de dues, i de tres... havien volat els plats de la taula per algun afer professional. A la mare, a la meva germana Irene i a mi aquesta situació ens produïa un sobresalt i una angoixa molt gran, al principi. Amb el temps ens vam acostumar a conviure-hi. Quan això succeïa dèiem que era una "ardevolada", ho vam arribar a normalitzar.

Altrament, la seva sensibilitat per a la poesia i les arts escèniques, les traslladava al món familiar amb sentides mostres d'estimació, comprensió i empatia.

Era una persona d'una gran humanitat que ajudava qui ho necessitava. Es va donar el cas que un amic i col·lega de feina va morir en un accident de trànsit. Era gallec i el pare es va posar en contacte amb la família perquè s'ocupessin del trasllat del cadàver. Els familiars se'n van desentendre completament i abans que l'amic anés a parar a la fossa comuna, li va donar cabuda al nínxol familiar on era enterrada la meva àvia Teresa. Va ser un gest que va fer palesa la seva generositat.

Orígens

El meu pare, va néixer a Falset (Tarragona) el 20 de febrer de 1926 en el bressol d'una família humil. Els seus pares Joan Ardèvol Compte i Teresa Llorens Solano, van tenir tres fills més, el Lluís, el Salvador i la Maria Dolors.

Ja de ben petit, al Ricardo, li agradava la poesia i, als sis anys, per pròpia iniciativa, va aprendre un poema anomenat *Cervantes* de Leopoldo Cano que recità a l'escola deixant bocabadats els mestres.

La població de Falset, situada a 16 quilòmetres de Móra d'Ebre, va patir molts bombardejos durant la Guerra Civil i era considerada zona altament perillosa per la seva proximitat al front de l'Ebre.

Als 12 anys, l'1 de maig de 1938, per casualitats de la vida, el pare es va trobar sopant amb les tropes que defensaven aquest front. Assegut a la mateixa taula hi havia el Mariscal Tito, dictador iugoslau i cap de les forces expedicionàries internacionals. Va ser una vivència que per sempre més el va acompanyar i mai no va oblidar.

El seu pare, el meu avi, era guàrdia d'assalt de la Generalitat de Catalunya i el 25 de gener del 1939, es va veure obligat a exiliar-se a França. L'endemà, el 26 de gener, entraven les tropes nacionals a Barcelona.

Com que el Ricardo era el més gran dels germans es va traslladar a Reus amb la seva mare, on seria més fàcil subsistir. La mare servint a una família com a cuinera i ell treballant en una foneria.

Malgrat la complicada situació econòmica, ell continuà cultivant la poesia com a rapsoda i guanya el primer premi en el concurs celebrat al Teatre Bartrina de Reus amb el poema *La Milana* de Arturo Cuyás de la Vega.

La seva inquietud artística l'encamina també cap al teatre i actua amb èxit en diferents obres a l'Orfeó Reusenc fins arribar a primer actor. La seva bona feina té transcendència i el director de Ràdio Reus, Salvador Sedó i Llagostera, li ofereix l'oportunitat de ser locutor i actor radiofònic. Accepta encantat i els primers consells li arriben del gran locutor de l'emissora Enrique Corretger.

En poc temps comença a ser popular, tant és així que, abans de marxar al servei militar, rep un homenatge al Teatre Bartrina de Reus.

El Servei Militar

Gràcies a la recomanació del director de Ràdio Reus, Salvadó Sedó, ingressa a la caserna de Sanitat Militar de Vilafranca del Penedès el 22 de setembre del 1947. En arribar-hi, declara el seu ofici de locutor i actor i entra a formar part del quadre escènic representant diferents papers, a *Don Juan Tenorio* i a altres obres en el Casal de Vilafranca, un dels teatres més grans i bonics de Catalunya. La companyia actua també en altres teatres i locals de la comarca. La mili no podia començar millor.

Un cop acabada la instrucció, és destinat a Barcelona, concretament a l'Hospital Militar, allí li havien promès un lloc "especial". En veure el panorama li cau l'ànima als peus però la recomanació funciona i el porta a ocupar una plaça a les oficines de Sanitat de la Capitania General, on només servirà els matins, per tant, tindrà les tardes lliures rebaixat de tot servei. Aquesta privilegiada situació, i els cinc anys com a locutor a Ràdio Reus, li permeten realitzar les proves d'accés a Ràdio Barcelona de la cadena SER, aleshores dirigida per Ramon Barbat Miracle.

Les proves consistien en la lectura d'anuncis (en aquell temps no existien les falques gravades), de notícies culturals, de cartelleres de curses de braus, de fragments de narracions, de biografies de músics clàssics i també calia recitar poemes, en això no el guanyava ningú.

Va superar les proves sobradament, va ser acceptat i començà a treballar el dia 1 de desembre del 1947, al torn de tarda, a EAJ1 Ràdio Barcelona, Cadena SER.

La Ràdio

En els seus inicis a l'emissora entrà a formar part del quadre escènic del Radioteatre que dirigia Armando Blanc, el qual comptava amb una plantilla de fantàstiques veus formada per Adolfo Marsillach, Ricardo Palmerola i Isidro Sola, entre d'altres els quals, amb el temps, es convertirien en figures indiscutibles de la ràdio.

També té un espai de poesia que li reporta gran popularitat, és conegut com "el rapsoda de la màxima sensibilitat" tot i que alhora exerceix com encarregat d'emissions i director del programa creat per Enrique Fernández, *La Comarca nos Visita*, el qual es va fer famós arreu de Catalunya.

Aquest programa s'emetia els diumenges al matí des de l'estudi Toresky de Ràdio Barcelona amb públic en directe. Destacava la intervenció d'un personatge que arribà a ser molt conegut, en "Pep de Cal Gros", interpretat per l'actor Josep Mª Carrasco.

La ràdio, en els anys 50, tenia una gran audiència i popularitat, la televisió encara estava per venir i la Cadena SER era líder amb les seves radionovel·les interpretades per famosos actors de Madrid com Pedro Pablo Ayuso, Matilde Vilariño i altres. L'artífex de tot allò era Guillermo Sautier Casaseca.

A Barcelona, el més destacat fou Antonio Losada, les seves radionovel·les es representaven als teatres de la ciutat i als de la resta de Catalunya. L'actor protagonista era Enric Casademont. Aquest va crear un popular personatge infantil que es deia "Pau Pi".

El fet que Enric Casademont i Antonio Losada fossin homosexuals, motivà la sortida d'Adolfo Marsillach perquè va quedar-se sense protagonisme.

Com a conseqüència, en Marsillach va trucar a les portes de la companyia d'Alejandro Ulloa, aleshores instal·lada al Teatre Calderón de Barcelona, iniciant una de les etapes més brillants d'aquest geni de l'escena catalana que posteriorment triomfà a la resta de l'Estat.

El pare explicava una anècdota amb l'Adolfo i sempre que coincidien la recordaven. Quan l'Adolfo feia el servei militar, les milícies universitàries, a la caserna de Castillejos a prop de Reus, necessitava un vestit per assistir a una festa molt important. Sabent que en Ricardo era de Reus, va remoure cel i terra per a trobar la seva mare amb l'objectiu de demanar que li deixés un dels seus vestits, atès que la talla era la mateixa. Finalment van poder localitzar-la i assistí a l'acte ben mudat.

A destacar que, a la caserna de Castillejos, va complir amb les seves obligacions militars en Federico Gallo, locutor "estrella" de Ràdio Nacional que amb el temps va ser nomenat Gobernador de Murcia y Albacete. Quan el partit socialista va guanyar les eleccions fou substituït i quedà marginat.

El 1950, Jaime Torrens, cap de programes de Ràdio Barcelona, exercia també el càrrec d'administrador de les galeries comercials conegudes com l'Avinguda de la Llum. Eren unes galeries subterrànies situades sota el carrer Pelai a tocar amb la Rambla, entre Plaça Catalunya, el carrer Balmes i el carrer Bergara, avui al costat del vestíbul dels Ferrocarrils de la Generalitat. En l'actualitat ja no existeixen, el seu espai està ocupat ara pel centre comercial El Triangle.

A les galeries hi havia moltes botigues, un petit estudi musical i un cinema.

En els lavabos d'aquella petita ciutat soterrada s'hi donaven cita molts homosexuals que, posteriorment, abandonaven les galeries atès que tenien prohibida l'entrada al cinema, llavors regentat per l'empresa Balañà.

El pare, amb 22 anys, no tenia problema per tenir xicota, tot al contrari, sortia amb dues o tres noies a la vegada, totes volien casar-se amb ell. Una manicura molt llesta, una dependenta d'una botiga d'armes, una cambrera d'una cafeteria i una *fan* incondicional que anava tots els dies a la ràdio i li espatllava les altres cites.

Ràdio Barcelona estava situada al carrer Casp número 12, primera planta. A la segona s'hi trobava la planta de muntatge de material electrònic de l'empresa hongaresa Tuxram.

El seu director tenia tres fills, Fred, León i Kinga. Tots plegats sentien admiració pel Ricardo com artista de la ràdio. Aquesta bona entesa propicià que el director li oferís una plaça d'administratiu per a treballar els matins a les oficines ja que el seu horari a l'emissora era de tarda.

A Tuxram cobrava un sou de 1.500 pessetes mensuals i, a part, feia altres feines extres de locució publicitària per les galeries de l'Avinguda de la Llum que li suposaven 1.000 pessetes al mes.

Cada dia, a les 12 del migdia, feia l'espai *La Cesta de la Compra*, pel qual percebia 50 pessetes diàries. Per recitar al famós consultori de Helena Francis, 15 pessetes. I també col·laborava en altres espais pels quals li pagaven 10 pessetes per programa. Havia ja complert el servei militar i Ràdio Barcelona li va oferir entrar com a fix a la plantilla de l'emissora. S'hi va estar des del 1950 fins el 1962, aleshores el règim feixista el va castigar.

La plantilla de locutors, emissions i controls estava formada el 1947 per:

José Caminero, cap d'emissions, qui va avaluar-li les proves d'accés quan va arribar de Ràdio Reus.

José Angel Monedero, encarregat d'emissions.
José Miret, degà dels locutors d'Espanya.
Enrique Fernández
Juan Ibáñez
Enriqueta Teixidó i Pilar Montero

Gerardo Esteban, el més gran improvisador. Era de Valladolid i va entrar a Barcelona amb les tropes nacionals el 26 de gener del 1939.

Joaquín Soler Serrano, un dels més grans que posteriorment va triomfar a la televisió.

Així mateix, comptava amb grans actrius com Angeles Fernández, Carmen Illescas i la seva filla, Enriqueta Illescas i també la seva néta Mª Dolors Gispert la qual es va casar amb el gran locutor esportiu i actor de doblatge Miguel Angel Valdivieso.

En aquells temps era normal que la ràdio transmetés les millors pel·lícules des de cinemes com el Coliseum, Montecarlo, Pelayo, Kursaal i Tívoli. Aquestes transmissions les portaven a terme de forma magistral Gerardo Esteban, Enrique Fernández i Juan Ibáñez. Aquests locutors, un cop acabada la projecció de la pel·lícula, ja no tornaven a l'emissora. L'espai era acomiadat per un company de "guàrdia" que deia el següent: "Escucharon ustedes la retransmisión desde el cine Tívoli de Barcelona de la pel·lícula *Lo que el Viento se Llevó.* Radio Barcelona EAJ1 de la Sociedad Española de Radiodifusión, da por finalizadas sus emisiones y se despide hasta mañana a las 6 horas. Dios nos bendiga a todos".

El locutor de guàrdia solia ser el Ricardo. Per aquesta feina cobrava 100 pessetes.

A destacar que al cinema Teatre Tívoli, al 1947, hi va actuar per primer cop en directe el gran *charro* mexicà Jorge Negrete. Recordat perquè va formular la famosa pregunta: "¿No hay machos en España?"

El director de les galeries de l'Avinguda de la Llum era en Jaime Sabater, a la vegada Cònsol de Tailàndia a Barcelona, càrrec que amb el temps ostentaria el seu fill Jaime, en aquella època un noi molt ben plantat, mal estudiant però amb un caràcter obert i una simpatia abassegadora. El pare va mantenir durant molts anys una bona amistat amb ell.

La Volta Ciclista a Catalunya

Un dia, a les galeries, va aparèixer un important personatge del món de la publicitat. Va preguntar qui era la veu del locutori i el pare va respondre que ell. El personatge en qüestió li va etzibar: "Me llamo José Baldomá, soy publicista y su voz me gusta y, además, lee los anuncios con mucha nitidez. Le contrato como locutor publicitario y presentador del espectáculo que realizaremos en los finales de etapa de la Volta Ciclista a Catalunya"

Va acceptar la feina entusiasmat, això sí, amb el permís de Ràdio Barcelona a compte de les vacances. Tot funcionava molt bé, tenia un equip en ruta cobert per Publicitat Cid de la Cadena Ser, dirigida llavors pel senyor López Corts, que comptava també amb l'Enrique Fernández i el tècnic Manolo Uroz. El pare apreciava aquest últim de forma especial per la seva eficiència i professionalitat, van formar un gran equip en el qual ell s'hi sentia molt a gust.

Al Ricardo el ciclisme sempre li havia agradat molt, anava tot sovint al velòdrom de Reus a veure les curses, allà va fer amistat amb Joan Plans i amb el gran Miquel Poblet amb el qual va mantenir una relació que es va perllongar amb els anys amb trobades al seu domicili de Mollet del Vallès on tenia una botiga de bicicletes. Anys després, en una de les darreres, jo vaig demanar al pare si podia anar amb ell ja que, com bon aficionat i practicant del ciclisme, volia conèixer personalment en Miquel Poblet i veure el seu museu personal de guardons del Tour, la Vuelta, el Giro, la Volta a Catalunya i altres curses, així com la col·lecció de les bicicletes utilitzades en totes les grans gestes que va conquerir. Miquel Poblet, un gran esportista i una gran persona.

A la Volta d'aleshores, Tortosa era sempre final d'etapa, atès que hi havia una gran afició al ciclisme a les terres de l'Ebre.

L'equip publicitari s'allotjava sempre a la Fonda Aragonesa on podien gaudir d'abundant menjar de qualitat i d'un bon servei, amb habitacions tan confortables com en el millor dels hotels.

Els propietaris de la fonda, tenien una filla de la mateixa edat que el pare i li van insinuar que podria ser un bon gendre ja que el veien com un noi formal i treballador, amb bona planta que s'estava obrint camí a la vida. El Ricardo però, no estava enamorat d'aquella noia i tampoc no volia perdre la seva llibertat i independència malgrat la bona posició econòmica d'aquella família. Era feliç fent la seva feina, es guanyava bé la vida i això li permetia ajudar la seva mare i germans que vivien a Reus. Les il·lusions d'aquells pares van quedar en res.

L'equip publicitari estava dirigit, com s'ha dit, per José Baldomá amb el suport incondicional del seu germà Carlos, un esforçat i pacient treballador, que es passava la vida disculpant les promeses impossibles de complir dels seu germà José.

El debut publicitari a la Volta a Catalunya va obrir les portes al pare a col·laborar en altres grans esdeveniments esportius i en nous espectacles que organitzà el periodista i promotor internacional Carlos Pardo.

Al Palacio de los Deportes del carrer Lleida, va presentar espectacles de patinatge sobre gel i el *show* dels basquetbolistes que venien cada any des dels EEUU a Barcelona, "The Harlem Globetrotters", famosos en tot el món. També va participar a la presentació a Espanya de "Viva La Gente", un exitós grup musical d'aleshores.

En aquells anys, en un país com Espanya, calien una sèrie de permisos especials per a exhibir atraccions internacionals. Carlos Pardo es va convertir en un especialista en aquest tipus d'esdeveniments i sempre comptava amb Ricardo Ardèvol com a presentador.

Trobada a Andorra amb el seu pare

Corria l'any 1952 i la Volta a Catalunya entrava al principat d'Andorra. Era una magnífica oportunitat perquè el Ricardo pogués retrobar el seu pare que portava exiliat a França des del 1939, any en què, com s'ha dit, havia fugit d'Espanya. Boter d'ofici, havia aconseguit una bona feina a Perpinyà.

El pare li enviava cartes a la Fonda Roca a nom de Joan A. Compte. No volia utilitzar el cognom Ardèvol per evitar represàlies policials i, d'aquesta manera, es van posar d'acord per a trobar-se al Principat d' Andorra.

Després de 15 anys sense veure's va ser un retrobament d'una emoció indescriptible, havien estat molts anys de penalitats i misèria per ambdues parts.

El cas va tenir transcendència en els mitjans de la Volta ja que Ricardo Ardèvol era un locutor popular, sobretot a la caravana publicitària.

No obstant això, en aquella trobada, l'avi no va tenir ocasió de conèixer la seva promesa i és que l'any següent, el 1953, en Ricardo contreu matrimoni amb una jove preciosa, Irene Comellas Baró, filla de Monistrol de Calders, es casa molt enamorat. S'havien conegut al Foment Martinenc de Barcelona on el meu pare presentava alguns espectacles. La mare vivia a casa de la seva tia Caterina, al carrer Rogent de Barcelona i treballava com a planxadora al taller de camiseria de la família Ferraz, situat en el mateix edifici.

En el termini d'un any vaig néixer jo, va ser un part típic de l'època, a la nostra casa del carrer Consell de Cent de Barcelona.

Quatre anys més tard va venir al món la meva germana Irene. La mare aquest cop va parir a la Clínica La Aliança de Barcelona precisament quan el pare estava de *bolo* a la Festa Major de Bellvís (Lleida).

Ella sempre li va retreure que no fos al seu costat en un moment tan important, sabent que el part era imminent. El cas és que ell s'hi havia traslladat perquè es tractava d'un client nou i d'una població en la qual no hi havia pogut entrar ja que, fins aleshores, havia estat dominada per un cabdill i el pare mai no havia aconseguit convèncer-lo. I per fi, una comissió de festes decidia programar per primera vegada un dels seus espectacles. Doncs, tot i que el *bolo* va ser un èxit, mai més no el van tornar a contractar. Coses de la vida!

Producciones ERA

La feina a la ràdio era variada, des de la locució de publicitat, a la retransmissió del Sant Rosari des de l'església dels pares Caputxins, passant pel Radioteatre i les entrevistes a personatges d'actualitat i artistes populars. La freqüent relació amb els artistes que visitaven l'emissora va fer que el pare comencés a organitzar espectacles per presentar-los a les Festes Majors de Catalunya.

Aquesta feina la compaginava amb la ràdio treballant des de casa al carrer Consell de Cent. El volum de treball anava en augment, el nom del pare com a locutor i rapsoda popular havia propiciat que encetés amb gran èxit la faceta d'organitzador i promotor d'espectacles, la qual cosa va repercutir en una sanejada economia que va permetre als pares comprar un nou habitatge al carrer Tuset número 30 de Barcelona. En una part del pis hi va muntar l'oficina, era l'inici de l'empresa Producciones ERA.

La seva seriositat i professionalitat van fer que, en poc temps, gran part dels espectacles que es representaven a les Festes Majors de Catalunya haguessin estat contractats a la seva empresa. Va aportar quelcom diferent a les produccions que fins llavors s'oferien. Un so potent, una bona il·luminació, música en directe amb una formació estable de músics experimentats, un elenc d'artistes de qualitat i una figura catalana o nacional com a cap de cartell, segons el pressupost de què disposava cada client. I, molt important!, la presentació i direcció a càrrec de Ricardo Ardèvol. La seva faceta de rapsoda contribuïa a què els seus espectacles tinguessin un segell d'identitat propi que els diferenciava completament dels de la competència.

Corria l'estiu del 1959 quan, a Sant Carles de la Ràpita, l'alcalde de la població li va demanar que deixés actuar a l'espectacle un noi que cantava pels bars i que ho feia molt bé. El pare no era partidari d'aquestes intervencions espontànies perquè la majoria de vegades no reunien una mínima qualitat i donaven una mala imatge. En aquest cas, a causa de la insistència del batlle, ho va permetre amb la condició que sortiria al final, un cop acabat el *show* programat.

El noi en qüestió es deia Antonio Mingorance Garcia i era fill del barber del poble, el qual havia traspassat recentment. La seva mare es guanyava la vida com podia, fent feines per les cases. Ell l'ajudava cantant pels bars i les tavernes de Sant Carles passant el plateret.

Era menut i amb cara d'espavilat, tenia 12 anys i una gran simpatia, cantava cançó espanyola. El pare el va presentar com un artista local que es vol obrir camí en el món de l'espectacle de forma que, abans de cantar, ja va rebre un fort aplaudiment del "seu" públic.

L'actuació va ser un èxit, el pare va quedar impressionat per les qualitats vocals d'aquell petit cantaire que, amb gran facilitat i un somriure, arribava a fer uns aguts increïbles que posaven la pell de gallina. Ho va veure clar, era un diamant en brut. La mateixa nit, va parlar amb la seva mare per ser el mànager del seu fill ja que tenia unes possibilitats enormes de convertir-lo en un gran artista.

Era menor i no podia viure sol, per tant, el pare el va portar a casa amb la nostra família. Després d'un curt període d'adaptació es va convertir en un germà gran per a mi. I va començar la seva formació, classes de cant i ensenyament acadèmic bàsic, atès que quasi no sabia llegir, ni escriure i anava peix de números. En una paraula, aprendre les quatre regles per anar pel món.

Arribada la primavera, va començar a ser un habitual dels espectacles que el pare organitzava per les Festes Majors de Catalunya i els èxits se succeïen a cada actuació. Aquest ressò arribà a orelles del productor i director cinematogràfic, Ignacio F. Iquino, que estava buscant un actor juvenil per una pel·lícula. Després de passar un càsting molt exigent, sobretot en l'apartat musical, el Sr. Iquino li va oferir el paper de protagonista del film *Las Travesuras de Morucha.*

Calia buscar-li un nom artístic, més comercial i més curt que fos fàcil de recordar, l'escollit va ser Juan José. La pel·lícula es va estrenar al cinema Kursaal de Barcelona, era la tardor del 1960 i va tenir una bona acceptació però realment, on va triomfar de veritat va ser a Sud-amèrica, tant és així que, de seguida, van reclamar la seva presència.

Les possibilitats de treball que s'obrien eren molt grans com per pensar-s'ho gaire, i cap allà van marxar. El pare i en Juan José, van fer les maletes en direcció a Santiago de Xile a principis del 1962.

El pare va haver de demanar l'excedència de Radio Barcelona. De Producciones ERA se'n va fer càrrec el seu nebot Enric Comellas.

L'Argentina

Un cop finalitzada la presentació a Xile, van seguir Buenos Aires, Montevideo, Caraques, Bogotà i Nova York. La veu del "petit" Juan José va enamorar els immigrants espanyols que sentien enyorança de la seva terra. Es va convertir en un fenomen i els contractes per actuacions en directe es van disparar. Hi havia molta feina a fer, el continent era molt gran. La pel·lícula havia estat la rampa de sortida de la nova estrella anomenada Juan José.

Ja portaven més d'un any fora de casa i, com que la cosa pintava molt bé i el futur era d'allò més enlluernador, el pare va decidir que tota la família, inclosa la mare d'en Juan José, ens traslladéssim a Buenos Aires, on tenien muntat el centre operatiu.

Ens vam instal·lar en un "departamento" situat a l'Avenida Callao cantonada amb l'Avenida Corrientes, al bell mig de la ciutat.

Funcionàvem com una família normal, en la qual un dels seus membres és un artista popular, això volia dir que la nostra vida estava supeditada a les activitats del pare amb en Juan José. Tot i això, la meva germana Irene i jo vam començar a anar a una escola pública on cada dia al matí, en entrar, ens feien cantar l'himne nacional argentí i ens anomenaven "gallegos", que era la paraula per referir-se als espanyols, de forma generalitzada, a causa de la gran quantitat de persones de Galícia que havien immigrat a l'Argentina després de la Guerra civil espanyola.

Juan José era molt popular i rebia moltes invitacions per assistir als famosos "asados", des de l'ambaixada, des de centres culturals espanyols passant per famílies benestants de l'Estat que residien a Buenos Aires i ens hi apuntàvem tota la família.

Entretant, l'activitat era frenètica, viatges, actuacions, televisió, entrevistes, fins que un dia actuant al Teatre Maipo de Buenos Aires el nen va fer un gall. Al dia següent, un altre i el van portar al metge pensant que tenia un problema a les cordes vocals. No era el cas, en Juan José tenia ja 14 anys i començava el seu desenvolupament cap a la pubertat, en poques paraules s'estava fent un home.

Es va complir amb els compromisos artístics adquirits però el metge va recomanar que durant un temps indefinit, deixés de cantar.

Els mesos anaven passant i, en vista que no hi havia una data a l'horitzó per tornar a l'activitat artística i que els recursos econòmics anaven minvant, el pare va proposar tornar a Catalunya. En Juan José, influenciat per uns amics que li van oferir que visqués amb ells i en contra de l'opinió del pare, va voler quedar-se a Buenos Aires. La resta de la família, inclosa la mare d'en Juan José, vam tornar a Barcelona. Era el 31 de maig del 1964.

La història no va acabar bé, en Juan José, mal assessorat pel cercle d'amics, va fer unes declaracions als mitjans de comunicació en què culpava el seu mànager, Ricardo Ardèvol, d'abandonament i estafa.

Quan les notícies van arribar a mans del pare, en forma de retalls de diaris i revistes, es va sentir molt ferit i sobretot decebut. Li havia fet de pare més que de mànager i els diners, tal com havien acordat, foren lliurats a la seva mare la senyora Carmen, qui tampoc no donava crèdit a les declaracions del seu fill.

A partir d'aquell fet es va trencar tota relació.

En Juan José va tornar a cantar però, ja com un cantant adult, havia desaparegut aquella veu de tessitures increïbles i paulatinament va anar perdent actualitat, fins a desaparèixer del panorama artístic.

Vint anys després, quan tot aquest afer era una etapa passada i quasi oblidada, el pare va rebre una trucada d'en Juan José, li deia que havia tornat a Espanya i que el volia veure per demanar-li disculpes i donar-li explicacions del que havia succeït. També pretenia que el representés de nou.

El pare inicialment va dubtar però finalment es van trobar en un bar de la Plaça Catalunya, no va voler rebre'l al despatx. El va escoltar i en acabar li va dir: "Acepto tus excusas, te perdono a pesar de todo el daño que me hiciste tanto a nivel profesional como personal, te deseo lo mejor, pero nunca jamás volveré a trabajar contigo" Li va donar la mà i va marxar.

Trobada familiar a Perpinyà

El Ricardo va ser el fill que sempre va mantenir contacte amb el seu pare. La seva mare, la meva àvia Teresa, no volia saber res del meu avi ja que a Reus ho havien passat malament per falta de recursos econòmics. Malauradament, ella havia mort amb només 60 anys el 5 de novembre de 1962

Fins el 1969, no es va produir un nou retrobament familiar. Va ser a Perpinyà perquè l'avi seguia exiliat, ara a Bordeus. Vam viatjar-hi quasi tota la família, també la meva germana Maite que havia nascut el 1967 i a la qual li havíem posat Maria Teresa en record de l'àvia.

Els sentiments estaven a flor de pell ja que el Ricardo, no sabia com reaccionarien els seus germans Salvador i Maria Dolors, en veure el pare després de tants anys i tenint en compte el patiment viscut.

L'estimació va poder més que els retrets i es van fondre tots plegats en una abraçada tan intensa com els anys d'absència. Van ser uns dies de família inoblidables. El pare, com a primogènit, sempre va tenir cura dels seus germans i va exercir de líder de la família.

Quan en Franco va morir, van indultar el meu avi i va tornar a la seva estimada Catalunya. Es va instal·lar en un apartament a Cambrils on, amb assiduïtat, rebia la visita de tota la família, fins i tot del seu fill Lluís. Allí va viure amb la seva segona esposa Louise Fouraster, fins que va morir a Reus, el 13 de gener del 1989 a l'edat de 87 anys.

Un teatre al Paral·lel

El pare era un home apassionat per la seva feina que somniava amb tenir un teatre a l'Avinguda Paral·lel de Barcelona. Coneixia bé tots els teatres de Catalunya perquè organitzava les gires de les companyies de Madrid. Si més no, el seu desig era finalitzar la seva etapa professional com empresari d'un teatre, a poder ser, al Paral·lel.

A mitjans del 1981, va entrar en negociacions amb Pepe Buira, copropietari del Teatre Victòria amb els germans Balaguer, per tal d'adquirir plegats la propietat del Teatre Arnau que llavors funcionava com a cinema.

Les converses anaven avançant lentament perquè el pressupost inicial anava incrementant-se a mesura que la negociació progressava. Enmig d'aquesta negociació, va rebre l'oferta de comprar el Teatre de *Music-Hall* El Molino, inclosa la propietat de l'edifici. No en va tenir cap dubte, va decidir-se per El Molino, un teatre en marxa, davant l'aventura d'un local com l'Arnau amb una trajectòria irregular en els darrers anys i amb unes obres importants a realitzar per tornar-lo a obrir com a teatre.

A principis de desembre del 1981, s'arriba a un acord de compra amb la propietària del local, Doña Vicenta Fernández i es constitueix la societat Actividades Teatrales, S.A, com a nova propietària del Teatre *Music-Hall* El Molino, formada per Emilio Caballé Aguilar amb un 65% de les accions i Ricardo Ardèvol Llorens amb un 35% del accionariat.

El somni s'havia complert, començava una nova etapa. El 1981, la cap de cartell era Lita Claver, *La Maña*, una de les figures més estimades i populars del Paral·lel i, com a primer actor còmic, el genial *Pipper,* Conrado Tortosa.

Uns dels reptes importants que es van proposar a curt termini va ser la restauració de la façana i la posada en marxa de les Aspes que portaven 50 anys sense funcionar. Com que el cost era molt elevat, es va buscar la col·laboració de diferents marques comercials que finalment van ser: Freixenet, Coca-Cola, Cutty Sark, Gin Giró i una marca de cervesa.

També es va comptar amb la complicitat de l'Ajuntament de Barcelona governat, aleshores, per Pasqual Maragall. Finalment les Aspes de El Molino van girar de nou el 19 de desembre del 1989.

Va ser una inauguració en què hi van col·laborar tots els teatres del Paral·lel, Apolo, Victoria, Condal i Arnau, participant en una minirepresentació protagonitzada per les respectives primeres figures en cartell.

La vida anava canviant i calia tenir noves il·lusions per mirar al futur. El 1990 vam comprar la majoria d'accions de El Molino, del 35% inicial vam passar al 60% entre el pare i jo, l'altre 40% li vam oferir al meu amic del rugby Paco Beuter, (epd) que s'hi va avenir de seguida.

Al llarg dels tretze anys en què el pare va ser al davant de El Molino, hi van passar rellevants personatges de tots els àmbits, teatre, ràdio, televisió i cinema. Polítics quasi tots, excepte Jordi

Pujol que no hi va anar mai. En canvi la seva esposa, Marta Ferrusola, hi va assistir en un parell d'ocasions.

El 1994 va finalitzar l'aventura de El Molino.

De Producciones ERA a ERA Produccions

El fet d'haver assumit la màxima responsabilitat a El Molino, va ser un punt d'inflexió en la carrera professional del pare ja que va decidir deixar Producciones ERA en les meves mans per dedicar-se exclusivament a dirigir El Molino.

En aquella època, ja no érem al despatx de lloguer a l'entresol de Tuset, 30, perquè l'any 1982 n'havíem comprat un altre al mateix carrer Tuset, 5-11, cinquena planta, en un edifici singular, només d'oficines de primer nivell.

L'staff de Producciones ERA estava format per Francisco Pociello (epd), cap de producció i home de confiança del pare, Cinta Blancas, comercial, Agustí Comellas, comptable i persona de confiança atès que era el meu cosí, David Martínez, comunicació i publicitat, Mercedes Gómez (epd), secretària i jo mateix.

Per a mi era un repte tirar endavant l'empresa sense el pare. Això sí, tenia un planter d'artistes de contrastada qualitat i un bon equip de treball, al qual havia de demostrar el meu lideratge amb la presa de bones decisions.

Vaig pensar que el pare no se'n podria estar de venir al despatx a supervisar, de forma subtil, la feina que portàvem a terme però, per sorpresa meva i de tot el personal, no va ser així. Estava clar que havia tancat una etapa per sempre, ara El Molino era la seva prioritat.

Afortunadament tot va anar molt bé i l'any 92, amb motiu de les Olimpíades de Barcelona i gràcies al nostre departament d'organització de convencions i actes d'empresa, vam aconseguir la millor facturació de la història de l'empresa, que ja havia passat a anomenar-se ERA Produccions.

El final del camí

El pare, lògicament, no havia deixat de ser un home passional en totes les facetes de la seva vida, en tot el que emprenia hi posava l'ànima i, com sabeu, de vegades això comportava danys col·laterals.

En la seva escala de valors la feina era el primer i això va tenir conseqüències per a la família, perquè tot i que ens va aportar benestar econòmic el vam trobar molt a faltar, sobretot quan érem més petits. La nostra mare, quan calia, assumia també el paper del pare per a proporcionar-nos l'estabilitat emocional que necessitàvem.

Aquesta passió també va portar al pare a cometre algunes infidelitats conjugals que òbviament no van contribuir a l'harmonia del matrimoni atès que la mare se'n va assabentar i això produïa certa tensió a casa. Només jo me n'adonava, la meva germana Irene era massa petita i la Maite encara no havia nascut.

Era un home enamoradís i vulnerable en els seus sentiments. El seu estatus en el món de l'espectacle el feia presa fàcil d'algunes artistes aprofitades, que volien promocionar-se a l'aixopluc de la seva influència professional.

El 1994 quan vam vendre El Molino, ell no podia estar sense fer res i va tornar als orígens: la ràdio i l'escenari. Va començar a col·laborar en diferents emissores com la COPE i Ràdio Terrassa, on mantenia una presència setmanal en programes tipus magazín, realitzant entretingudes entrevistes a artistes de la seva època, tot recordant les seves experiències i anècdotes viscudes.

També va poder retornar a la seva faceta de rapsoda, recitant en els programes de ràdio i reapareixent als escenaris amb recitals en directe acompanyat al piano pel gran mestre Jesús Moreno amb qui va enregistrar un CD de poemes, una joia per a la posteritat.

Des d'ERA Produccions també li vam promocionar un espectacle de poemes i cançons amb la participació d'en Roger Reyes i la direcció musical de l'inigualable pianista Francesc Burrull, que malauradament ens va deixar l'agost del 2021.

El pare va ser un home actiu en l'associacionisme professional. Va presidir APPA, actualment ARC, l'Associació de representants, promotors i mànagers de Catalunya i també ARTE, Asociación de representantes técnicos del espectáculo, d'àmbit estatal.

Un cop retirat de tota activitat professional, va ser president de l'Associació cultural El Cor de l'Art, organitzant setmanalment presentacions de llibres, recitals de poemes i homenatges a diferents artistes ja retirats o desapareguts a l'auditori de la Casa del Mar de Barcelona.

La seva vida transcorria tranquil·la però amb els necessaris al·licients perquè no fos la monòtona vida de jubilat. Als matins, esport al Club Natació Barcelona i a les tardes preparava els programes de ràdio i els actes del Cor de l'Art.

L'any 2011 un desafortunat incident va condicionar el seu futur. Havia anat a la presentació de la temporada del Teatre Romea, del qual era mecenes i, en finalitzar l'acte i ja de camí cap a casa, va caure amb tanta mala sort que va impactar de cara violentament contra la vorera. El van evacuar d'urgència a l'Hospital Clínic i el diagnòstic mèdic va ser: envà nasal trencat, múltiples contusions a la cara i el pitjor, hematoma subdural.

Afortunadament l'hematoma es va absorbir per si mateix i no va caldre cap operació però el metge ens va advertir que aquesta important lesió que havia patit podia provocar i avançar la demència senil. I així va ser, paulatinament es va anar deteriorant la seva memòria amb pèrdues d'orientació.

Un altre revés que el va afectar molt va ser la mort de la Irene, la seva esposa, la nostra mare, el 1r de setembre de l'any 2014.

En quedar-se sol, i observant que els símptomes de demència no s'aturaven, els fills vam creure convenient, d'acord amb ell, que dues cuidadores vetllessin a diari per la seva salut.

Físicament, a part de les patologies mentals, gaudia de bona salut però la seva vida havia fet un gir de 360 graus. S'havia vist obligat a deixar la ràdio i els recitals en directe; tota la seva activitat es resumia en llargues caminades pels carrers de Barcelona, durant els matins i televisió, llegir, escoltar música i repassar i ordenar tot el material gràfic i retalls de premsa acumulats al llarg de la seva vida professional, a les tardes. Havia assumit amb dignitat i resignació la seva nova vida i se'l veia feliç, sobretot els caps de setmana, quan ens reuníem tota la família.

Aquesta certa estabilitat no va durar gaire ja que les pèrdues de memòria i la desorientació van anar a més, tant és així que ja no podia sortir sol al carrer. També van començar a produir-se brots de rebuig cap a les cuidadores que feien inviable la convivència. La neuròloga que el portava, la Dra. Consuelo Almenar, ja ens havia advertit, feia temps, que era molt probable que el seu estat mental anés degenerant cap a la situació que estàvem vivint i que hauríem de ingressar-lo en una residència. Aquest era un escenari que els fills, en un principi, ens resistíem a acceptar.

Després de valorar la situació vam arribar a la conclusió que per a ell era el més aconsellable i també per a la nostra tranquil·litat.

A l'octubre del 2016, va ingressar a la residència SAR Quavitae. Les meves germanes i jo vam tenir aquella sensació del primer dia de parvulari quan hi portes el teu fill, va ser molt trist per a nosaltres. Dins nostre ens quedava el dubte de si el que estàvem fent era el correcte.

Es tractava d'un centre privat amb molt bons professionals i una atenció molt personalitzada. L'entorn no era gens depriment, el *hall* d'entrada i la recepció semblaven més un hotel de quatre estrelles que una residència de gent gran i el pare s'hi va adaptar molt bé. Entre setmana l'anàvem a veure i també rebia visites de les seves amistats. Els caps de setmana els passava a casa dels fills.

Viure la decadència dels pares és realment molt dur sobretot quan la pròpia persona és molt conscient que la vida se li esmuny entre les mans. Aquest era el cas del pare que sovint feia seva la frase "Ardèvol quién te ha visto y quién te ve!!". Tot seguit el seu rostre dibuixava un somriure entre murri i nostàlgic que et trencava el cor.

El gran Ricardo Ardèvol, "el rapsoda de la màxima sensibilitat", l'empresari triomfador, havia fet una regressió a la infantesa i s'havia convertit en un nen de 91 anys.

La matinada del 4 d'abril del 2017 va morir a la mateixa residència.

Havia viscut una vida intensa i plena, amb un final en què sempre es va sentir estimat per tota la família i els seus amics.

Ell tot sovint m'explicava com volia que fos el seu enterrament, vam complir els seus desitjos. El funeral va ser molt emotiu i multitudinari, hi van assistir molts artistes, familiars, amics, companys i persones que ni tant sols jo coneixia que li volien expressar el seu afecte.

El meu agraïment al pare Enric Canet que va oficiar la cerimònia i també als seus amics Roger Reyes i Jesús Moreno que van interpretar diferents temes musicals per homenatjar-lo.

Tal com havia demanat, vam llençar les cendres al mar Mediterrani, entre El Masnou i Vilassar de Mar.

Adéu papa, el meu amic, el meu referent......

Ricardo Ardèvol.

Ricardo Ardèvol, tècnic d'emissions a Ràdio Barcelona 1948.

El Rapsoda de la "Máxima Sensibilidad".

A Ràdio Barcelona amb Enriqueta Teixidó, 1950.

Presentant a Ramon Calduch a Ràdio Reus, 1950.

La seva companyia amb Alady i Raquel Meyer.

Amb Enrique Fernández a la Volta Ciclista Catalunya.

Trobada Juan José i Marisol a Buenos Aires, 1960.

Cassen als *Seis Dias Ciclistas de Madrid*, 1961.

Gila als *Seis Dias Ciclistas de Madrid*, 1961.

Ricardo amb els seus germans, Lluís, Salvador i Maria Dolors

Viatge familiar a Perpinyà, 1969.

Capítol 1
EMILI VENDRELL

El primer d'agost del 1962, sempre el recordaré com un dia molt trist, per a mi i per al meu país. Moria a Barcelona, Emili Vendrell Ibars, *El Cantaire de Catalunya,* aquell rossinyol a qui un dia el gran mestre Lluís Millet, digué: "Noi Canta".

Em faltaria espai per explicar tota la seva carrera professional. Els seus començaments, amb tan sols sis anys, a l'Escola de Santa Maria del Mar. L'ingrés a l'Orfeó Català l'any 1911, del qual ben aviat en fou solista, un paper que desenvolupà durant uns quants anys. Es pot dir que fou l'alumne predilecte del mestre Lluís Millet.

El timbre inconfusible de la seva veu, la manera exquisida de cantar i la seva personalitat en escena, el van portar a dedicar-se al teatre líric. Va debutar en el Teatre Tívoli de Barcelona, amb l'obra *Don Joan de Serrallonga,* el dia 10 d'octubre del 1922.

Com a locutor de Ràdio Barcelona, emissora on ens vam conèixer, vaig tenir l'honor d'entrevistar-lo en diferents ocasions, així com de presentar-lo en el programa *La Comarca nos Visita*, també en diversos festivals i en els espectacles de Festa Major que jo organitzava. En aquests últims, sempre cantava la cançó *L'Emigrant,* de la qual en feia una gran creació, sortint ovacionat i amb el públic dempeus als envelats i recintes de festes on actuàvem.

Vaig ser el seu representant en l'última dècada de la seva carrera i també del seu fill Emili amb qui vam treballar fins el dia de la seva retirada. Encara que, del que em sento més orgullós és de l'amistat que vaig mantenir tant amb l'Emili pare i la seva esposa Maria Coutier, com després amb el seu fill, l'Emili.

La seva consagració en els Teatres d'Espanya, la va aconseguir a Madrid quan estrenà, amb gran èxit, la sarsuela *Los Gavilanes.* El ressò que va obtenir li va permetre viatjar a Europa Occidental, a l'Amèrica del Sud i a l'Amèrica Central.

Tot i que la sarsuela més representada, amb més de cinc mil cinc-centes representacions, i que més fama i popularitat li va aportar va ser *Doña Francisquita,* del mestre Amadeu Vives. Del repertori en català, destaca *Cançó d'Amor i de Guerra* de Martínez Valls.

Va brillar igualment com a *liederista,* (un *lied* és una composició breu en alemany per a veu i piano) interpretant famosos *lieder* de Schubert, Schumann, Wolf i Beethoven, entre d'altres.

En referència a la seva actuació a Madrid, la premsa el va omplir d'elogis, exalçant les seves qualitats vocals. Només un periodista, al final del seu article, apuntava una nota negativa a tanta excel·lència, escrivia textualment: *"Lástima que sea Catalán".* Quina vergonya!!!

Emili Vendrell, fou un gran divulgador de la cançó popular catalana dels mestres: Toldrà, Nicolau, Sagarra, Verdaguer i Apel·les Mestres entre d'altres. Temes com, *Pel teu amor, Rosó, La Taverna d'en Mallol, L'Emigrant o La mort de l'Escolà,* encara li van donar més popularitat.

Les seves conegudes conviccions catalanistes, van ser el motiu que fos empresonat en finalitzar la Guerra civil espanyola. En realitat el detonant fou que la Generalitat l'havia contractat, amb el ballarí Joan Magriñà i altres artistes, per difondre la cultura catalana per diferents països europeus.

Li van formar un Consell de Guerra, acusant-lo de separatista, maçó i "rojo". La primera sentència va ser de mort. Després de presentar dues apel·lacions, va ser condemnat a viure desterrat a València durant cinc anys. Ben aconsellat pel seu advocat, no va tornar ni per l'enterrament del seu pare.

Passats dos anys i mig d'exili, va poder tornar a Catalunya. Reaparegué al Teatre Principal de Barcelona amb *Doña Francisquita,* aconseguint un reconeixement, no tan sols artístic sinó també, com a símbol del catalanisme.

La seva carrera va prendre de nou una embranzida, actuant als escenaris lírics de Catalunya, Espanya i Amèrica Llatina. També a Europa, principalment a França, Anglaterra i Itàlia, dugué a terme una important tasca de divulgació de la cançó tradicional catalana, mitjançant els directes, la ràdio i les gravacions fonogràfiques.

Un dia viatjant junts em va dir: "Estic molt malalt i moriré aviat però, saps Ardèvol?... "que me quiten lo bailao"

Va ser com una sentència que mai més podré oblidar, fou el seu *Adéu Germans!* de la cançó de *L'Emigrant.*

Emili Vendrell, va viure fins els 69 anys amb el suport i l'estimació de la seva família, i acaronat pel poble de Catalunya.

Arran de la seva mort, s'havia pensat a retre-li un reconeixement, exposant-lo per a la vetlla en el Palau de la Música Catalana, però les autoritats no ho van permetre per por als possibles aldarulls de determinada ciutadania. Aleshores, en el cinema Padró es va celebrar un acte d'homenatge, amb participació de gran part del barri del Raval i les actuacions de Mary Santpere i Ramon Calduch.

El dia del seu traspàs, Guillermo Fernández Shaw, autor del llibret, va dir: "Ha mort en Vendrell, ha mort *Doña Francisquita*".

Després de la defunció de Franco, es va col·locar una placa commemorativa a l'edifici on ell havia nascut, la trobareu en el número 33 del carrer de la Cera.

Capítol 2
JOAN MANUEL SERRAT

Finalitzada la meva aventura americana amb en Juan José, vaig tornar a Catalunya per posar-me de nou al davant de Producciones ERA, l'agencia de contractació que havia deixat, durant dos anys, en mans del meu nebot Enric Comellas, el qual se'n va sortir prou bé. Havia decidit no tornar a Ràdio Barcelona i dedicar-me plenament a la representació artística.

A mitjans de juny del 1964, Ràdio Barcelona va organitzar un Festival al Palau d'Esports de la ciutat i va tenir la gentilesa de convidar-me a participar, en qualitat d'entrevistat, per explicar les meves experiències i coneixences, viscudes més enllà de l'Atlàntic. Vaig citar grans artistes com Angelillo i Miguel de Molina, ambdós exiliats, Fray José de Guadalupe (José Mojica), un jove i prometedor cantant tal com Luis Aguilé, Lucho Gatica i Los 5 Latinos, d'entre altres.

Va ser en el marc d'aquest festival on vaig conèixer Joan Manuel Serrat.

El Nano, com col·loquialment se l'anomenava, havia descartat, momentàniament, l'oferiment del seu representant, José Maria Lasso de la Vega, per viatjar a Amèrica. Havia decidit realitzar una gira per Catalunya per mesurar la seva popularitat i poder de convocatòria i consolidar així la seva carrera artística.

Amb aquest objectiu, es va muntar un espectacle amb la cantant Glòria i la seva germana Maria Pilar, a més de Núria Feliu, Salvador Escamilla i el mateix Serrat. El grup musical que acompanyava tots els cantants estava dirigit pel polifacètic instrumentista Jesús Moreno.

En un principi havia de ser el seu mànager, en Lasso de la Vega, qui havia de gestionar la contractació dels *bolos* però en Joan Manuel, tenia clar que volia que fos jo i, amb certa autoritat, li va dir al Lasso: "Ardèvol conoce mejor que tú los teatros de Cataluña, tú te encargarás de todo lo de América".

I així vam començar a treballar. La primera actuació va ser en el Teatre Principal de Lleida, ple a vessar i èxit total de tot l'elenc artístic, especialment d'en Joan Manuel.

Va ser una constant que es va anar repetint en tots els teatres de la gira, en els quals el públic mostrava el seu afecte pel Serrat amb caloroses ovacions i llargues cues, en finalitzar l'espectacle, per aconseguir el seu autògraf a les caràtules dels discos.

El dia de Nadal, l'espectacle estava contractat per actuar a l'envelat de la Plaça del Diamant. L'intermediari d'aquest contracte va ser Antonio Centaño Prieto (epd), amic i col·laborador de molts anys. Aquell mateix matí, l'Antonio em trucar per telèfon, molt angoixat, perquè s'havia posat en contacte amb ell el mànager del Serrat, Lasso de la Vega, el qual, sabedor que estava tot l'aforament venut, li demanava més diners amb l'amenaça que, si no ho feia, en Serrat no actuaria.

Intento tranquil·litzar-lo assegurant-li que res del que li ha dit el Lasso succeirà i que, en cas que el torni a trucar, li segueixi el corrent acceptant, de paraula, totes les seves demandes.

Com de fet, res no va passar i l'espectacle va assolir un èxit clamorós. Vaig percebre de la comissió de festes la quantitat pactada en el contracte, ni una pesseta menys. El Lasso, en cap moment, em va comunicar que havia de cobrar més diners, era conscient que no ho acceptaria. Jo, el seu *modus operandi* no el compartia gens, tampoc no era el primer cop que la seva conducta, poc èti-ca, em situava a mi als peus dels cavalls.

Aquesta forma tan poc seriosa de treballar i la constant inge-rència en la meva feina, que posava en dubte el meu bon nom davant els clients, em va decidir a deixar la companyia.

Aleshores, el vaig emplaçar perquè ens trobéssim el dia de Sant Esteve al migdia, no va poder ser ja que dinava a casa d'en Ramón Arcusa, del Dúo Dinámico, grup del qual també n'era el mànager.

Vam quedar al capvespre, al Restaurant Abrevadero, molt a prop de El Molino. Li vaig exposar els motius de la meva irrevo-cable dimissió i no va tenir més remei que acceptar-la.

En un tovalló, del mateix restaurant Abrevadero, vam signar el *finiquito.* Em va saber greu pel Joan Manuel però jo no podia continuar així.

Un representant artístic atípic

José Maria Lasso de la Vega era un personatge molt especial, gran venedor, capaç de convèncer qualsevol persona de les coses més inversemblants. Un negociant de cap a peus, que mai no signava un contracte. Els tovallons de paper dels bars i restaurants eren el seu document favorit per tancar els negocis.

Criat en un ambient burgès de Granada, José Mª Rancaño Lasso de la Vega, havia adoptat com a primer cognom, el de la seva mare perquè creia que sonava més aristocràtic.

Durant la gira van succeir algunes anècdotes originades per la seva peculiar personalitat, us n'explicaré una.

Un dels teatres de més aforament de Catalunya era el Rambla de Terrassa amb prop de 2.500 localitats. L'empresari Joan Grata-cós, el regentava, com era el cas del Teatre Principal de la mateixa població. En arribar a la tarda pel muntatge, proves, etc... vaig anar a saludar-lo i em rebé amb cordialitat però tot seguit em va etzibar molt contundent: "Ricardo, tu i jo som amics i t'aprecio molt com a professional i com a persona però, si arribo a saber que el teu soci era el Lasso, no haguéssim fet mai aquest negoci".

Cal dir que a la capçalera dels pòsters de l'espectacle es llegia: "Lasso - Ardévol presentan a Joan Manuel Serrat".

Quan va rebre la publicitat ja teníem els contractes signats i ell era un home de paraula.

A continuació, va voler explicar-me la seva desagradable experiència.

Va succeir que va contractar al Lasso una Revista Internacional amb un final apoteòsic amb uns ballarins negres, doncs... res de res, resulta que els negres hi eren presents però pintats en un decorat. Ni era una gran producció, ni tenia el nivell artístic que havia venut ni, en conseqüència, allò que l'empresari del teatre havia pactat. Una fantasia en la ment d'un gran manipulador.

L'empresari es va sentir enganyat i es va prometre que mai més faria negocis amb aquell personatge.

Lasso, a la seva vida va emprendre molts i variats negocis, sempre relacionats amb el món de l'espectacle, va ser un pioner en la professió dels representants i mànagers en els inicis d'aquest gremi. No tenia despatx, les cafeteries de la Gran Via de Madrid o el Passeig de Gràcia de Barcelona eren els seus punts de reunió on acostumava a signar, com s'ha explicat, en tovallons de paper, els seus acords.

Va gestionar el Teatre Poliorama de Barcelona i va deixar-hi al davant un jove, Guillermo Rodríguez, baixista dels Sirex, qui també va patir molt a causa del seu caràcter.

Referent a la seva vida sentimental, se'l relaciona amb un dels artistes més controvertits de l'Espanya de la postguerra, el polèmic Antonio Amaya.

Quan va succeir l'afer del Festival d'Eurovisió amb el Serrat, per voler interpretar en català la cançó *La,La,La,* de la qual n'eren autors el Dúo Dinámico, el Lasso continuava sent el manager del Serrat. Se'n va ocupar de gestionar la complexa situació entre

TVE, els polítics franquistes i les forces catalanistes. Tot plegat va acabar amb el Serrat exiliat a Mèxic.

Malgrat tot, va ser determinant en la carrera del Dúo Dinámico i del Serrat, el qual va reconèixer que, sense l'audaç impuls d'en Lasso, la seva trajectòria artística no hauria estat la mateixa.

Va morir a València l'any 1991 ja retirat del món de l'espectacle.

Tornada de l'exili

El 20 de novembre del 1975, morí el dictador Francisco Franco però no és fins el 20 d'agost del 1976 que Serrat deixa l'exili i arriba a Barcelona. La rebuda a l'aeroport del Prat va ser multitudinària.

En un principi, realitza alguns concerts per diferents barris de Barcelona, totalment gratuïts.

Aleshores, rebo una trucada del director de la discogràfica Ariola, Ramon Segura, que vol tenir una reunió urgent amb mi. No m'especifica el motiu, però com que és amic i bona gent li confirmo la meva assistència.

Quan arribo al seu despatx, em rep amb gran cordialitat, però no està sol, l'acompanya en Joan Manuel Serrat.

El motiu de la trobada és perquè *El Nano* vol fer una gira per Catalunya per tal de retrobar-se amb el seu públic després de la polèmica decisió de no participar en el Festival d'Eurovisió i arran de tant temps a les Amèriques.

Serrat vol que sigui jo qui gestioni la contractació de la gira, per la meva coneixença del mercat català quant a ajuntaments i teatres privats. En un principi no ho veig massa clar ja que podria suposar un enfrontament amb els meus col·legues de Madrid, Berry i Caturla, els seus actuals representants. Però en Serrat em fa palès que ja ho té parlat amb ells i que no hi haurà cap problema, com així va ser.

En conseqüència, accepto la proposta, un nou repte en la meva carrera professional perquè en Joan Manuel continuava sent un artista molt important, però amb una mínima repercussió mediàtica. El règim l'havia censurat prohibint als mitjans de tot el país, tant les seves cançons com els seus èxits a l'altra banda de l'Atlàntic. A més, el públic oblida fàcilment un artista que ha viscut un any a l'exili i tampoc no té cap nou disc al mercat.

La Gira – Serrat 77

Serrat és un dels artistes més professionals i rigorosos amb els quals he treballat.

Aquesta gira ell no la volia fer per guanyar diners sinó per retrobar-se amb el seu públic. No va escatimar recursos a l'hora de dissenyar la producció del concert i seleccionar els músics que l'acompanyarien, tots ells de contrastada qualitat.

El grup musical estava integrat per 8 músics, els elèctrics i els de corda, com col·loquialment els definíem. Els elèctrics eren: Josep Mª Duran, piano, Francis Rabassa, bateria, Jordi Clua, baix, i Josep Mª Bardagí, guitarres i direcció musical.

El quartet de corda el formaven: Pere Josep Puértolas, violí, Sergi Casademunt, violoncel, Raimon Casademunt, viola i Aureli Vila, tenora i violí.

Una formació musical de luxe, que sonava de meravella i donava plena dimensió al repertori *Serratià.*

Vam recórrer gran part de la geografia catalana, les Illes Balears i algunes poblacions que limiten amb Castelló. La gira va ser un èxit i *El Noi del Poble Sec* era rebut a tot arreu amb gran entusiasme i afecte. Com em va dir un dia una fan incondicional que ens seguia per a tot arreu: "Ha tornat un dels nostres".

El responsable de la gira en ruta, el que avui s'anomena com a *Tour Manager,* va ser el meu fill Ricard, que m'informava diàriament del funcionament de tot plegat, ja que a mi m'era del tot impossible, pel volum de treball de l'oficina, assistir a tots els concerts, la qual cosa feia de forma puntual.

En algunes poblacions importants, jo mateix presentava el concert. En una d'aquestes ocasions, concretament a l'Auditori de Palma de Mallorca, les paraules que vaig pronunciar sobre la seva música, la seva trajectòria i la seva persona ens van emocionar tant que ambdós ens vam fondre en una abraçada que mai no oblidaré.

La gira va ser un gran èxit en tots els sentits i es va aconseguir l'objectiu principal, que no era cap altre que el retrobament de Serrat amb el seu públic.

Personalment i des de la vessant professional, em vaig sentir molt satisfet de com havia funcionat tot plegat. Serrat és un artista que exigeix molt, però també ho dona tot, a dalt i a baix de l'escenari, mai res no és perquè sí, tot té una raó de ser.

Aquesta va ser la darrera vegada que vam col·laborar estretament i de forma continuada. En els anys següents vam anar treballant esporàdicament, quan sorgia un contracte de manera puntual.

Després d'aquesta gira, Serrat va reprendre la seva carrera amb tota la força, gravant un nou disc i realitzant gires per Espanya i Amèrica.

Al Joan Manel, el tinc en gran estima i l'admiro com el gran artista que és i puc dir que sempre que ens hem trobat m'ha transmès el seu afecte i consideració.

Autor d'una obra de qualitat inigualable, la tendresa, el missatge i la força de les seves cançons viuran per sempre en els nostres cors formant part de la història de la música del nostre país.

Capítol 3
MARY SANTPERE

Des de molt jove vaig tenir la certesa que el meu destí seria la ràdio, l'espectacle i el món empresarial i, efectivament, la ràdio canvià la meva vida i em va portar a introduir-me en tots els àmbits de l'espectacle i del seu entramat comercial i empresarial.

Els meus cinc anys com a locutor a Ràdio Reus (1942-1947), em van permetre passar posteriorment a Ràdio Barcelona (EAJ1 Cadena SER) mentre complia el servei militar a la Capitania General de la mateixa Barcelona.

M'hi vaig incorporar el 1948 i durant catorze anys, fins el 1962, vaig compartir experiències amb companys excel·lents alhora que em relacionava amb els artistes més famosos de l'època. Confesso que vaig aprendre molt ... de tot.

Durant el meu primer any a Ràdio Barcelona, vaig coincidir amb l'artista que, en un futur, seria l'estrella dels meus espectacles, la Reina de les Festes Majors de Catalunya, qui, amb el pas del temps, es convertí en una amiga fidel i bona consellera, la MARY SANTPERE.

De la mà del meu bon amic Joaquim Gasa, (empresari del Teatre Còmic i més tard del Teatre Victòria) la Marieta, com ell acostumava a anomenar-la, feia durant l'hivern temporada de teatre a Barcelona i a l'estiu triomfava a les Festes Majors de Catalunya com a figura principal dels meus espectacles.

Coneguda també com la Reina del Paral·lel, la Mary era garantia d'èxit total. Omplia envelats, teatres i pavellons d'esports. Fou l'artista catalana més popular i taquillera d'aquells anys.

Com a artista posseïa una simpatia innata. Quan actuava, podia connectar amb tot tipus de públic, es feia estimar. Vaig començar a presentar-la en els meus *shows* com la *Reina de la Simpatia*, sobrenom que la va acompanyar la resta de la seva vida.

Sovint compartia escenari amb altres figures contemporànies com Raphael, Rocío Jurado, el Dúo Dinámico i els Cinco Latinos, entre d'altres. Aleshores atiava el seu orgull artístic i sortia a escena com un terratrèmol per a deixar el llistó ben alt. Després en "petit comitè" em comentava: "Ricardo, encara que ells cobrin més que jo, ja veus qui s'emporta més aplaudiments".

La Mary era més que una artista popular, la seva arribada a una població mobilitzava els seguidors i els feia sentir part de la seva família. A les terres de Lleida li regalaven fruita i, habitualment, la convidaven a sopar en molts indrets.

No era gens diva ni exigent a l'hora de compartir camerino. En aquells temps, els envelats estaven mancats de comoditats i ella no tenia cap inconvenient a vestir-se i maquillar-se amb altres artistes. Era una gran companya i mai no tenia un no per a ningú.

La Mary sempre mostrà una gran professionalitat. Recordo una nit a Ascó, l'actuació havia de tenir lloc a una pista a l'aire lliure i es preparava una tempesta. La Mary es va oferir a sortir la primera, tot i que era el plat fort de l'espectacle. En acabar la seva actuació va començar a ploure i la resta d'actuacions es van haver de suspendre. El seu gest ens va permetre salvar el contracte i cobrar el caixet complet.

Un altre exemple, El Masnou, a meitat de la seva actuació, vam patir un tall de subministrament elèctric, mentre durà l'apagada ella va continuar xerrant i cantant "a capella" la resta del seu repertori. Quan es van restablir les connexions, l'aplaudiment del públic va ser eixordador.

A la vida de la Mary, la persona més influent va ser el seu pare, Josep Santpere pel que va sentir una obsessiva admiració tota la seva vida. Josep Santpere havia estat un gran actor de comèdia que havia participat en els espectables més exitosos del seu temps. Fou conegut com *El Rei del Paral·lel.*

Moltes foren les vegades en què, abans de sortir a escena, companys i artistes, que treballaven per primer cop amb ella, em deien: "La Mary està parlant sola". I jo els replicava: "No, deu estar parlant amb el seu pare, demanant-li consell sobre algun tema important que la deu amoïnar".

La Mary evitava astutament esmentar la seva edat i, fins i tot, me l'amagava a mi que era el seu representant, tenia còpia del seu DNI i, per tant, sabia perfectament quants anys tenia. En un dels nostres desplaçaments a Andorra, en el moment de passar la frontera es va negar a entregar-me el seu passaport, va voler lliurar-lo personalment a l'agent de la duana perquè ningú no hi busqués la seva data de naixement. Era així de presumida.

Mai no va representar l'edat que realment tenia ja que era una dona que destil·lava una gran energia. L'escenari li servia de teràpia, si tenia qualsevol preocupació o no es trobava del tot bé, aquell dia, creixia davant del seu públic i, en acabar la seva actuació, apareixia totalment radiant i amb l'energia renovada. La seva vertadera edat només es va descobrir per al gran públic quan traspassà el 1992, tenia 69 anys.

Era una dona entranyable i compartir amb ella els viatges als diferents escenaris era tot un plaer. Sempre anàvem junts en el meu cotxe ja que ella no conduïa. Xerràvem de molts temes fins que la Mary s'adormia. Tot i que, de sobte, aixecava el cap i exclamava: "Nooo cooorris" . I continuava dormint.

També va actuar a Amèrica. Recordo que, a la dècada dels 80, vam viatjar a Veneçuela, a Caraques, concretament, per actuar al Centre Català, al Centre Canari i a la Televisió. Va coincidir que al Centre Català se celebrava el dia de la Hispanitat i, entre el públic i, com a convidat d'honor, es trobava en Joan de Borbó. La Mary amb el seu caràcter jovial es va posar el públic a la butxaca. Posteriorment vam saludar aquell monarca que mai no arribà a regnar.

Durant la seva actuació al Centre Canari va gaudir també d'un gran èxit i rebé del seu president, que era germà del famós tenor Alfredo Kraus, les més efusives felicitacions i agraïments. L'any 1984 la Generalitat de Catalunya li concedí la Creu de Sant Jordi, en reconeixement a la seva carrera, la qual cosa va fer-la immensament feliç.

Posteriorment el 1991, vaig acompanyar la Mary quan rebé la Medalla del Treball atorgada pel Ministeri corresponent del Gobierno de l'Estat Espanyol. Una distinció que, sens dubte, s'havia guanyat per la seva dedicació i trajectòria al món de l'espectacle.

La Mary era una dona de complexió forta i molt alta que sempre gaudí d'una salut excel·lent. Tan sols se li van conèixer dues infermetats, la *miastènia gravis* i el *vertigen menière*. Sovint se'n queixava al seu gran amic, el famós uròleg Antoni Puigvert, però mai no li van impedir continuar les seves actuacions amb normalitat.

Quan vam anar a treballar al Palau d'Esports de Vic, el Dr. Puigvert ens va convidar a sopar al seu castell d'Olost de Lluçanès. La seva dona, l'Elena Salvador, una famosa actriu de teatre i cinema ja retirada, va fer d'amfitriona i ens va mostrar els racons més interessants del castell.

El Dr. Puigvert era una persona propera, d'una gran humanitat i un magnífic conversador. Aquella no fou la primera vegada que ens havíem trobat i sempre que coincidíem s'interessava pel món del teatre, del cinema i de l'espectacle en general. També ell ens explicava els seus viatges arreu del món, convocat per Presidents i Caps d'Estat als quals havia visitat arran dels seus problemes de salut.

Sempre agrairé a la Mary Santpere que em presentés el Dr. Puigvert ja que jo sofria còlics nefrítics i, ella, amb la seva gran generositat, no va dubtar a demanar-li una visita preferent. A partir d'aleshores es va convertir en el meu especialista i li reconeixeré eternament que acceptés operar d'urgència la meva germana Maria Dolors. Els grans homes mai no solen donar importància als seus actes i quan li agraïa o alabava la seva actitud ell em responia: "Pobre Dr. Puigvert!"

Els anys anaven passant i la Mary seguia treballant, teatre, televisió, cinema i sobretot a les gales, era la seva vida "Em moriria si no ho fes" em comentava.

La televisió no era pas el mitjà que més l'interessava però hi va arribar als finals de la seva carrera. Destacarem que va protagonitzar sèries com *Mare i fill* amb Enric Majó i *Amor, Salut i Feina* amb Joan Pera. Sempre a TVE a Catalunya. Curiosament, TV3 no li va oferir protagonitzar cap sèrie.

Tanmateix li arribà l'oportunitat de fer televisió a Madrid. Es tractava de participar en la sèrie de més èxit d'aleshores, *Farmàcia de Guàrdia*, que dirigia Antonio Mercero.

No la podria acompanyar en aquell viatge, per tant, ens vam acomiadar dos dies abans, quan la vaig deixar a casa seva després d'una actuació. Ens vam fondre en una abraçada que, malauradament, seria l'última. Sentia una gran il·lusió per intervenir en aquesta trama però Déu se la va voler emportar un 23 de setembre del 1992. En ple vol de Barcelona a Madrid demanà un coixí i el seu cor es va parar per sempre.

L'enterrament a l'església del Pi de Barcelona fou solemne i multitudinari, hi va assistir tota la professió, autoritats i, com no podia ser d'altra manera, més d'un miler d'admiradors que volien retre-li homenatge i fer-li arribar el darrer adéu a una de les actrius més populars i entranyables del Teatre Català.

El Pare Escolapi Paco Martínez-Soria, amic de la família i fill del famós actor que també havia traspassat, va oficiar la cerimònia. Les seves restes foren traslladades al cementiri de Collserola on fou incinerada en la intimitat, amb la família i els amics més propers entre els quals s'hi trobava un servidor.

Amb la seva mort, el món de l'espectacle perdia una gran estrella i jo, personalment, una gran amiga. La Mary i jo ens fèiem confidències i ens explicaven tots els nostres problemes i inquietuds.

El nostre "confessionari" era el cotxe. Quan arribàvem d'alguna actuació l'acompanyava a casa seva, al carrer Ricard Calvo de Barcelona i allí, en la foscor de la nit i el silenci dels carrers, compartíem les nostres penes i alegries.

Quantes vegades! Plorà amargament planyent-se dels seriosos problemes i disgustos que li donava la seva filla Maria Rosa, a qui familiarment anomenaven Yoya, que ni entengué, ni tampoc ho intentà mai, l'ànima d'artista que tenia la seva mare.

La inesperada mort del seu marit Francesc Pigrau, qui, després d'un llarg període de depressions, se suïcidà llançant-se des de la popa d'un vaixell durant el trajecte de Barcelona a Mallorca, la va afectar moltíssim. Havia estat al seu costat el màxim temps possible amb gran enteresa i sacrifici. Tan sols se n'apartava per a complir els seus compromisos artístics que havia limitat per no estar fora de casa més d'un dia. L'escenari era la seva vida i en aquells moments el necessitava més que mai. Fou una època duríssima per a la Mary.

Pel que fa a mi, escoltava amb atenció els seus savis consells per tal de resoldre els problemes que m'anaven sorgint, tant familiars com professionals. Sempre em renyava quan s'assabentava que mantenia algun afer amorós. Jo li confessava com em sentia i ella sempre em deia que el meu lloc era al costat de la meva dona i els meus fills. En aquests temes la Mary era molt estricta i conservadora. El temps li va donar la raó.

Alguns mesos després de la seva mort es va plantejar la idea d'organitzar un gran homenatge a la seva trajectòria al Palau d'Esports de Barcelona, amb l'objectiu de finançar un monument que perpetués la seva figura a la ciutat.

Es va formar una comissió per tirar endavant el projecte, integrada per un grup de persones rellevants del mon de l'espectacle i la comunicació, com Joan M. Gual, Julio Herrero, Miquel Pallés, el meu fill Ricard i jo mateix, també un representant de TV3 i un de TVE i, evidentment, de l'Ajuntament de Barcelona. Els fills de la Mary, en Francesc i sobretot la Yoya assistien a les reunions al Palau de la Virreina per tal de consensuar tots plegats els aspectes dels preparatius.

Aviat ens vam adonar del caràcter capriciós i dèspota de l'esmentada Yoya i de la seva gran falta de respecte cap a les persones que, desinteressadament, dedicàvem el nostre temps a col·laborar en l'organització de l'homenatge.

El Festival va estar a punt de suspendre's però la figura de la Mary era massa gran perquè ens rendíssim a la filla que tants disgustos li havia donat en vida. No permetríem que això succeís i el 5 d'octubre de 1993 es va celebrar un dels més grans Festivals organitzats, amb ple absolut i participació d'artistes d'arreu de l'Estat Espanyol, entre els més destacats: Dúo Dinámico, Joan Manuel Serrat, Peret, La Cubana, Manolo Escobar, Nati Mistral, Gila, Pedro Ruiz, *La Maña*, Ramon Calduch, Josep Guardiola, Lloll Bertran i molts més que, a l'hora d'escriure aquestes línies no recordo, i demano disculpes. Fou retransmès, en directe per TV3 i en diferit per TVE.

En el cas del monument també hi va haver interferències, la comissió s'havia decantat per un dels dissenys presentats i proposà ubicar-lo al Paral·lel, bressol dels èxits de la Mary i també dels seus pares Josep Santpere i Rosita Hernáez. La Yoya es va entestar en el disseny més avantguardista, malauradament el que menys la identificava i també va voler situar-lo a les Rambles. El seu insolent argument fou: "El Paral·lel és una merda".

L'Ajuntament, finalment, va cedir als desitjos de la filla de la Mary. I, al capdavall de les Rambles, Rambla Santa Mònica, trobareu el monument, obra de l'escultor Joan Bordes i dels arquitectes Òscar Tusquets i Carles Díaz, sense netedat, sense representar-la i sense testimoniar l'homenatge popular que una gran Artista com la Mary es mereix.

Malgrat tot, la Mary Santpere romandrà per sempre al record i a la història del Teatre Català com una de les Artistes més estimades i populars que allà on va anar sempre va exercir de catalana universal.

Mary, mentre jo visqui mai no t'oblidaré.

Capítol 4
JOAN CAPRI

A en Joan Camprubí Alemany, conegut artísticament com Joan Capri, el vaig conèixer quan començava als escenaris, a principis dels anys 50. Aleshores actuava en els petits teatres de la Ciutat Comtal dirigit pel seu descobridor i primer director Joan Comellas.

En aquells anys jo treballava de corresponsal per a Ràdio Sabadell, enviant reportatges i entrevistes gravades en cinta magnetofònica. L'estudi d'enregistrament era situat a casa meva, al carrer Consell de Cent, 595, cantonada Dos de Maig. Allí convocava els diversos artistes, alguns dels quals es convertirien en primeres figures del món de l'espectacle com Manolo Escobar o el mateix Joan Capri.

Quan en Joan Capri debutà en un escenari important, com el del Teatre Romea, sorprengué tothom amb la seva peculiar manera de fer i d'expressar-se i es convertí, de la nit al dia, en l'humorista de moda. Anunciar en Capri era sinònim d'esgotar les localitats.

Com a resultat del seu paper emergent com actor còmic, vaig començar a contractar-lo per a actuar en les diferents Festes Majors de Catalunya, on també aconseguí grans èxits i la consegüent popularitat.

Arran de totes aquestes actuacions vaig tenir ocasió d'apreciar la controvertida personalitat d'aquest sorprenent artista.

El seu primer representant artístic fou en Carlos Lloret, un actor de la Companyia del Teatre Romea que obtingué una gran popularitat amb l'obra *La Ferida Lluminosa* de Josep Maria de Sagarra, dirigida per Esteve Polls.

M'unia una gran amistat amb en Carlos Lloret i la seva esposa Carme Contreras, també actriu, i durant molts anys vam estar col·laborant ja que, aleshores, la majoria de les contractacions d'en Joan Capri a les Festes Majors eren gestionades per mi.

Recordo que en Carlos Lloret tenia com ajudant un actor, amic comú, anomenat Miquel Graneri, avui desaparegut. Acompanyava el Capri a les gales o *bolos* i ell aprofitava per etzibar-li, tot sovint, mil i una poca-soltades, no pas amb mala intenció però sí de manera capriciosa i impertinent.

Si bé el consideraven un geni com a humorista, com a persona resultava egoista i desconfiat. Era molt difícil conviure amb ell. Carlos Lloret el suportà durant 25 anys però quan li va sorgir l'ocasió d'iniciar un nou projecte teatral al Romea, adreçat a les escoles, decidí acomiadar-se d'en Capri.

En principi no es va agafar bé que el volgués deixar, però quan en Carlos li va proposar que fos jo mateix qui el representés en endavant, Capri va canviar d'actitud i s'hi va avenir: "Jo també hauria pensat amb en Ricardo Ardèvol com a representant", va dir-li a en Carlos, ben convençut, perquè era jo qui més contractes li generava.

Vam iniciar una estreta relació mànager/artista que em va submergir en l'autèntic Joan Capri: el seu caràcter, les seves rareses, el seu mal humor i les seves malfiances que, d'alguna manera, ja havia sofert en els nombrosos *bolos* de Festa Major que havíem compartit. Amb ell, la planificació dels espectacles quant a la seva actuació i logística de viatges, era molt especial.

Ell preferia viatjar en cotxe i no en autocar per tant, es traslladava amb mi o amb alguna persona de la meva oficina. Per a no tenir-lo esperant i perquè no es posés de mal humor calculàvem que arribés a la població amb l'espectacle començat. Tan bon punt entràvem al camerino li pagava en metàl·lic i, malgrat que n'era la figura, actuava immediatament alterant el curs de l'espectacle per poder marxar el més aviat possible.

En aquells breus moments d'espera, abans d'actuar, observava entre caixes els altres artistes i contínuament em preguntava quant cobraven i, sobretot, si eren artistes famosos. Evidentment jo sempre li responia amb alguna dada que no pogués irritar-lo ja que constantment es comparava i no volia que, per aquest motiu, em muntés una rebequeria de les seves.

Joan Capri era un home de llàgrima fàcil que plorava habitualment, quasi sempre per motius econòmics.

Recordo que a la població d'Algerri (Lleida), es negà a treballar perquè li van comunicar que havia mort un porc del negoci de porcins que posseïa a Sant Boi de Llobregat. Era a l'hivern, l'actuació havia de tenir lloc al teatre local i totes les localitats havien estat venudes. L'empresari estava espantat i jo també, per què negar-ho.

Al Cafè-Bar hi havia una enorme xemeneia amb uns grans troncs que cremaven i una bona brasa, tot molt acollidor, com una postal d'hivern. Per a intentar salvar la funció se'm va acudir suggerir a l'empresari que organitzés un berenar. Va acceptar encantat i afegí satisfet: "Farem pa torrat amb oli de primera, llonganissa i vi negre".

Capri continuava al cotxe plorant i sospirant pel seu porquet, m'hi vaig apropar i amb molta cura li vaig explicar la cortesia que havia tingut l'empresari per a rebre'l amb un bon àpat . En uns segons deixà de plorar, sortí del cotxe i ens dirigírem a l'establiment on fou rebut amb entusiasme i gaudí del berenar que li havien preparat.

No cal dir que la representació fou un èxit, Capri va agradar moltíssim i rebé l'aplaudiment unànime de la sala. Només l'empresari i jo sabíem el que ens havia fet patir, de fet, una sola mirada de complicitat va ser suficient.

Convèncer-lo que era un gran professional i que havia d'actuar com a tal, era una tasca sempre esgotadora, una autèntica teràpia digna del millor psicòleg.

Per això intentava aïllar-lo al màxim però ni jo, ni els meus col·laboradors ens lliuràvem dels seus plors i planys quan, per exemple, li descomptaven dues pessetes del seu compte corrent.

Un vegada retirat del escenaris vivia en el seu pis de carrer Ferran com un ermità. Jo l'anava a visitar un cop al mes, cap a primera hora de la tarda. El primer dia em va demanar dos dels famosos entrepans de Casa Conesa, situada a la plaça Sant Jaume perquè li agradaven molt. Quan els agafà, jo vaig suposar que se'ls menjaria per berenar però, per a sorpresa meva, va dir: "Aquest me'l menjaré per sopar i aquest altre per demà a dinar"

El cert és que visitar-lo, algunes vegades, podia arribar a ser desagradable pel seu comportament esquerp i gairebé mal educat. Freqüentment es passava l'estona plorant i era impossible mantenir una conversa fluïda i coherent. A més, el seu habitatge cada vegada estava més degradat ja que no reparava allò que es feia malbé i l'ambient que es respirava era depriment.

Realment era molt trist veure un gran artista com ell viure en aquell estat de permanent infelicitat.

De fet, Capri va ser un avançat al seu temps, va representar el prototip del català emprenyat amb una sèrie de monòlegs que van quallar amb gran èxit entre el públic català. La clau del seu triomf va ser la naturalitat amb què explicava les diferents històries i peripècies quotidianes dels seus personatges que el feien tan creïble que el públic s'hi veia identificat i se les feia seves.

Va gravar nombrosos discos amb aquests monòlegs que es van fer molt populars a traves de la ràdio com per exemple: *El Casament, El Nàufrag, La Guerra del 600* i *Mossèn Ventura,* entre d'altres.

Com actor teatral va fer diferents temporades al Teatre Romea de Barcelona, entre el 1957 i el 1976. Una de les obres més reeixides va ser el *Don Juan Tenorio* amb Mary Santpere en el paper de Doña Inés.

També va fer cinema, la seva filmografia inclou una desena de pel·lícules, només dues com a protagonista.

A la televisió el seu èxit més gran va ser la sèrie *El Dr. Caparròs*, (TVE 1980), amb un jove Joan Pera, Maria Matilde Almendros i Carlos Lloret.

Quan ja havia deixat els escenaris, va rebre al 1982 la Creu de Sant Jordi de la Generalitat de Catalunya i al 1997 la Medalla al Mèrit Artístic de l'Ajuntament de Barcelona. Morí el 4 de febrer de l'any 2000 d'una aturada cardíaca. Havia estat ingressat a l'hospital pocs dies abans amb greus cremades a causa d'un curtcircuit al seu domicili. Descansi en Pau.

Capítol 5
MANOLO ESCOBAR

Manuel García Escobar, de nom artístic Manolo Escobar, va néixer a la població d'El Ejido (Almeria) el 19 d'octubre del 1931.

A l'edat de 14 anys emigra a Catalunya i s'instal·la a viure a Badalona amb la seva família. Comença fent de paleta per després opositar a Correus.

Jo el vaig conèixer l'any 1954 quan treballava a Ràdio Barcelona com a locutor i encarregat d'emissions. Va venir a participar en un programa d'artistes aficionats. Cantava imitant l'estil d'un dels grans cantants de l'època, Pepe Blanco, qui amb Carmen Morell formava una parella artística de gran èxit i popularitat.

En Manolo ja apuntava maneres per la seva empatia amb el públic. Vaig començar a comptar amb ell pels espectacles que jo muntava amb els actors més destacats del quadre escènic de Ràdio Barcelona que dirigia Armando Blanch. Li pagava un sou de 350 pessetes per actuació.

En un d'aquests *bolos*, en el Teatre Monumental de Mataró, es va presentar amb els seus germans, Baldomero, Juan Gabriel i Salvador, perquè l'acompanyessin amb les guitarres. Em va comentar que era el primer cop que ho feien en públic i que, de ben segur, m'agradaria. Li vaig respondre que d'acord però que no li pagaria més de les 350 pessetes que teníem pactades. Hi va estar conforme.

Aquell dia l'espectacle era molt complet, amb parella de ball, vedet, cantant líric, humorista i, tancant el *show*, Manolo Escobar. Tot presentat per un servidor.

En finalitzar la seva actuació, em pregunta com ha anat i li etzibo quasi sense deixar-lo acabar: "Una mierda! Un desastre!" I és que les guitarres havien sonat molt malament ja que s'havia col·locat un micro *Shure* dins de cadascuna i el resultat havia estat massa estrident, distorsionat i sense qualitat.

Malgrat tot, la simpatia i el domini escènic d'en Manolo, que ja començava a tenir fans incondicionals, van fer que el desajustament sonor no fos un impediment perquè assolís l'èxit. L'actuació amb l'acompanyament musical i visual dels seus germans tenia futur, acabava de néixer el *show* de *Manolo Escobar y sus Guitarras*.

Al cap dels anys, tant en Manolo com jo, continuem explicant aquesta anècdota en les entrevistes de ràdio i televisió.

Vam seguir treballant plegats, ara ja com a *Manolo Escobar y sus Guitarras*, per les Festes Majors de Catalunya, formant part dels espectacles que jo muntava cada temporada i aconseguint un nou triomf en cada representació.

Manolo Escobar cantava cançó espanyola però li faltava un gran èxit que el projectés a la fama i li va arribar amb la discogràfica Belter.

En Manolo va decidir enregistrar un tema, que ja havia estrenat el Príncipe Gitano, titulat *El Porompompero,* el qual no havia tingut cap transcendència. Va succeir el que tots desitjàvem, un nou arranjament més la veu i la personalitat de Manolo Escobar van convertir *El Porompompero* en un èxit aclaparador, tota Espanya la taral·lejava.

La nostra amistat es va anar consolidant, a base de bona feina i seriositat en el treball per ambdues parts. Ens teníem un gran respecte i estimació, potser perquè compartíem un passat en el qual tots dos havíem començat del no-res.

Treballant a la Costa Brava havia conegut a qui seria la seva esposa Anita Marx. Es van casar a Alemanya el 10 de desembre de l'any 1959.

L'any 1962 marxo a l'Amèrica del Sud amb un nen prodigi anomenat Juan José i la nostra relació queda aturada. Quan torno al cap de dos anys me n'adono que el meu amic Manolo Escobar s'ha convertit en una gran figura del món de l'espectacle.

En aquest lapsus de temps havia enregistrat nous discos que s'havien popularitzat de tal forma que, a les emissores de ràdio, eren els més sol·licitats.

Havia iniciat la seva carrera cinematogràfica rodant al 1963 la pel·lícula *Los Guerrilleros* amb Rocío Jurado, a la qual més tard contractaria per a la seva companyia.

El nostre retrobament es va produir a Barcelona. Coneixedor del meu retorn de l'Argentina, em va demanar que presentés el fi de festa de cloenda de la temporada al, ja desaparegut, Teatro Calderón de la Rambla de Catalunya, que omplia a diari, tarda i nit.

Era tot un espectacle veure com el públic es posava dempeus i l'ovacionava cridant el seu nom i amb frases com "Manolo! Viva la madre que te parió!"

El Manolo era una màquina d'estrenar noves cançons, les quals ràpidament esdevenien populars i el públic de tota Espanya se les feia seves. A l'èxit de *El Porompompero,* van seguir *La Minifalda, Mi Carro, Viva España, Madrecita Maria del Carmen,* dedicada a la seva mare, i altres...

No parava de treballar durant tot l'any, distribuïa la feina en tres fases; a l'hivern gira de teatres, a la primavera rodatge de pel·lícules i gravació de discos i a l'estiu *bolos* per tot el país.

El seu catxet era elevat i en ocasions l'ajuntament no disposava d'aquell pressupost. Segons el cas, jo me la jugava fent d'empresa, de vegades en societat amb en Manolo, perquè omplia a tot arreu. Aquest tipus d'operació la negociava amb el seu germà Baldomero que li feia de mànager.

L'espectacle el presentava jo, la primera part incloïa ball, humor, cançó catalana, vedet, malabarista i orquestra en viu. La segona part era íntegrament pel *show* de *Manolo Escobar y sus Guitarras.*

Tot l'espectacle agradava moltíssim però l'autèntic deliri del públic es produïa durant l'hora llarga de la seva actuació. No es cansava mai de firmar autògrafs, no tenia un no per a cap dels seus admiradors.

Recordo nits memorables amb aforaments exhaurits i gent al carrer volent entrar a les places de bous de Tarragona i Girona.

Les gires de teatre a l'hivern les hi programava el recordat amic Endivia, especialista en *tourneés,* amb qui tenia molt bona amistat.

El Manolo, a la seva companyia, sempre hi portava una destacada estrella folklòrica. La primera va ser Rocío Jurado, com ja he comentat abans. La van seguir, Perlita de Huelva i Maruja Lozano que era l'esposa del seu germà Baldomero.

El germà petit, Salvador, es va casar amb una ballarina que es deia Mely. Aquesta el va deixar per un artista de la mateixa companyia.

La convivència familiar era complicada i, sovint, sorgien conflictes entre les dones, la qual cosa va motivar que en Juan, el germà d'en Manolo, que era l'autor de la majoria de les cançons, abandonés la companyia.

Aquest seguit de baralles i desacords, va tenir com a conseqüència que en Manolo prengués la dolorosa decisió de prescindir dels seus germans i que, en endavant, cap membre de la família formés part de la companyia artística.

Amb els seus germans, va arribar a un acord econòmic i els va indemnitzar. Va ser el final de l'època *Manolo Escobar y sus Guitarras.*

Per a la nova etapa, en Manolo va muntar un nou espectacle amb un ballet i una gran orquestra, que va presentar per primer cop a Barcelona en el teatre d'estiu del Parc d'Atraccions de Montjuïc. El director artístic era el nostre comú amic, Santy Castellanos, gran artista i excel·lent persona.

Els Negocis, un forat negre

Fora del món de l'espectacle, la majoria d'artistes no excel·leixen en els negocis. En Manolo no en va ser cap excepció. Va apostar per participar en la fabricació de pantalons i jaquetes texanes que es confeccionaven a Esplugues, amb la marca Lee Cooper. L'operació la va fer en societat amb uns "amics" als quals va avalar i quan van venir mal dades, el van deixar penjat amb un deute de més de tres-cents milions de pessetes.

Per afrontar la situació va haver de vendre *El Porompompero,* la seva casa de Benidorm, i quadres molt valuosos de la seva col·lecció de pintura.

Aleshores, no li va quedar altra solució que treballar sense descans per a poder anar eixugant el deute. Hisenda no li donava treva i allà on actuava Manolo Escobar s'hi presentava un inspector per confiscar-li el sou.

Oficialment cobrava 10.000 pessetes diàries, de les quals n'hi respectaven una part proporcional com a manutenció diària.

Així vam funcionar molt temps en les nostres gires, sempre pendents de la visita dels inspectors de la hisenda pública.

Malgrat les circumstàncies en Manolo mantenia el bon humor i el nostre tracte era cordial i afectuós. Es posava molt content amb les victòries del Barça, el seu equip de l'ànima, del qual era soci i aficionat incondicional. Tant es així que el Barça li va atorgar l'escut d'or i brillants del club.

Al cap dels anys va aconseguir solucionar els seus problemes fiscals i recuperar, en una subhasta, la casa de Benidorm, la qual tenia en gran estima.

Vanessa

L'any 1978, en Manolo i la seva esposa Anita van adoptar una nena preciosa a qui van posar el nom de Vanessa. Aquesta arribada va fer molt feliç la parella. Manolo es va convertir en un pare exemplar que vivia pendent de la seva filla, sobretot quan estava de gira.

Li va dedicar una cançó, *Mi pequeña Flor (Vanessa)*, composta pel seu germà Juan Gabriel, la qual va incorporar al repertori i es va fer molt popular ja que també la va enregistrar en un disc. Quan la cantava en les seves actuacions, el seu rostre, la seva mirada, transmetien una felicitat absoluta.

De España para los Españoles

Durant el franquisme, països europeus com Alemanya, França o Suïssa, van acollir milers de refugiats polítics, entre ells el meu pare, que fugien de la dictadura que s'havia imposat a Espanya.

Aquests països, més avançats que nosaltres, disposaven d'uns centres culturals on es reunien els emigrants per llegir la premsa estrangera, jugar a les cartes o simplement prendre un cafè i recordar la família que havien deixat enrere.

Alguns d'aquests centres disposaven de recursos econòmics i contractaven famosos artistes espanyols que s'havien fet populars fora de les nostres fronteres, mitjançant un programa de Radio Nacional que es deia *España para los Españoles,* presentat per Maria Matilde Almendros, que tenia una gran audiència. Era un espai pensat i dirigit als espanyols que, pel motiu que fos, es trobaven lluny de la seva terra.

Es llegien cartes de les famílies i es dedicaven cançons. Un dels artistes més sol·licitats era Manolo Escobar.

Aleshores un representant de París del qual, em sap greu, però no recordo el nom, va contactar amb la nostra agència per gestionar les actuacions de diferents artistes, entre ells Niño de Baena, Peret i Manolo Escobar.

A finals dels anys 50, vam realitzar una gira per poblacions del sud de França, presentant *Manolo Escobar y sus Guitarras,* actuant en teatres, centres culturals o en recintes improvisats amb grades i cadires de fusta a les poblacions que no disposaven de teatre o local amb un aforament suficient per acollir el nombrós públic que convocaven les actuacions d'en Manolo.

El tracte era fantàstic, ens allotjaven en els millors hotels i els àpats eren abundants i de qualitat.

La reacció del públic era molt emotiva, ploraven en escoltar les cançons del Manolo ja que els transportaven, per uns instants, a la terra i a les persones que s'havien vist obligades a abandonar. En Manolo els aportava la il·lusió i l'esperança de poder retornar algun dia.

Per a mi va ser una experiència inoblidable, que em colpia en cada actuació, sempre pensant en el meu pare.

Volver con... Manolo Escobar

Aquest va ser el títol del programa amb el qual Televisió Espanyola va voler homenatjar en Manolo Escobar amb un especial rodat a Badalona, durant el mes de maig de l'any 2010. Allí es va retrobar, després de més 20 anys, amb familiars, amics i persones que van conviure amb ell quan va arribar des d'Almeria amb la seva família als 14 anys.

A petició del Manolo, vaig tenir l'oportunitat d'aparèixer en el programa, des del Teatre Zorrilla de Badalona, i explicar com van ser aquells inicis artístics d'un home senzill i lluitador que es va convertir en una gran figura del món de l'espectacle.

No ens vèiem des de l'any 2006, quan en Manolo havia portat el seu espectacle *De Manolo a Escobar* al Teatre Comtal de Barcelona. Aleshores vaig anar al teatre acompanyat per la meva esposa Irene i el meu fill Ricard. Ens va atendre en Gabriel, nebot d'en Manolo, mànager i amic de professió d'en Ricard Jr.

A nivell personal va ser una vivència molt emocionant. Érem dos vells amics units per una vinculació professional, ambdós havíem triomfat, cadascú en el seu gènere. I, ja en el últim tram de la nostra vida, encara conservàvem aquella il·lusió del principi de les nostres carreres. En Manolo, als 79 anys, continuava actuant i amb molt èxit, i jo als 84, seguia pujant a l'escenari per oferir els meus recitals de poesia.

En finalitzar la gravació al Teatre Zorrilla, vam passar una bona estona, xerrant, posant-nos al dia de la família, la seva feina i també recordant experiències viscudes al llarg de la nostra carrera professional.

Em va complaure molt gestionar en el seu dia, la contractació d'en Manolo i Mary Santpere a la gala de presentació en societat de la loteria 6/49. Va tenir lloc a la sala de festes Scala Barcelona, el mes d'octubre de l'any 1987, amb la presència del President de la Generalitat Jordi Pujol. En Manolo va fer tota la seva intervenció en català.

Donant per acabat el nostre exercici de nostàlgia amb el Teatre Zorrilla de testimoni, ens vam acomiadar amb una abraçada i un fins aviat. Poc sospitava jo que aquella seria la darrera vegada que compartiria uns instants de vida amb ell.

En poc temps, la seva salut es va anar deteriorant i aquell mateix any 2010, el van haver d'intervenir d'un càncer de colon amb metàstasi al fetge i al pulmó. Malgrat l'operació i seguir un tractament de quimioteràpia va continuar amb les seves gires fins que la malaltia es va agreujar de forma irreversible.

Morí a la seva casa de Benidorm, el 23 d'octubre del 2013 a l'edat de 82 anys.

Tan bon punt ens vam assabentar de la defunció, el meu gendre Joan, em va acompanyar en cotxe per assistir al funeral. Vaig tenir el privilegi de poder ser inclòs en el cercle més íntim de familiars i amics per acomiadar-me d'ell, d'una forma més propera i personal en el seu domicili.

Un buit, una profunda tristesa i solitud es va apoderar de mi, un company de la meva història se n'anava per sempre. Havia estat un honor compartir una part de la vida amb aquell gran artista i millor ésser humà.

Cartell Teatre Fortuny, Reus. Gira Joan Manuel Serrat, 1968.

Sopar final Gira Serrat, 1977.

Amb Mary Santpere a la Terrassa Martini.

El seu amic, Manolo Escobar.

Capítol 6
CONCHITA BAUTISTA

Sevillana de naixement, nascuda el 1936, any de l'inici de la Guerra civil espanyola, des de molt petita desprenia una simpatia i desimboltura innates. A l'edat de set anys, va debutar com a ballarina en una caseta de la Fira d'abril d'Alacant.

A Maria Concepción Bautista Fernández, coneguda artísticament com a Conchita Bautista, les arts i la cançó sempre li van interessar, s'emmirallava en Juanita Reina perquè l'admirava moltíssim.

S'inicià com a cantant formant part de las Galas Juveniles, a les quals va accedir per mediació del seu oncle.

Sent molt jove, va formar part de diferents companyies de grans figures del flamenc com Pepe Pinto, Angelillo i Rafael Farina, entre d'altres.

Al 1953, el director de cinema català, Ignacio F. Iquino, es fixa en ella i la contracta per rodar el film, *Fuego en la Sangre*, al costat d'Antonio Vilar i Marisa de Leza. Als inicis d'aquest mateix any havia fet una esporàdica aparició a la pel·lícula *La Bella de Cádiz.*

En un principi, el seu gènere era la *copla* però poc es podia imaginar que els grans triomfs de la seva carrera arribarien gràcies a una música *pop* creada especialment per a ella i interpretada amb un estil molt personal.

Al 1961, va ser elegida per a representar Espanya en el Festival d'Eurovisió amb la cançó *Estando Contigo,* composta per Augusto Algueró. Es va classificar en la vuitena posició i va ser el punt d'inflexió en la seva vida professional.

Al 1965, la discogràfica Belter, una de les més importants d'aquella època, la va fitxar com artista en exclusiva. Aquell mateix any va tornar al Festival d'Eurovisió amb la cançó *¡Que Bueno, Que Bueno!.*

Un dels professionals més destacats que col·laborava amb la discogràfica catalana era l'austríac Artur Kaps, director de teatre, guionista i escriptor.

Kaps, aconsellà a la Conchita les cançons que més li esqueien i la forma d'actuar i interpretar-les, tot amb la promesa de promocionar-la en els programes de televisió que ell dirigia i també en les actuacions de cara al públic.

Per a la Conchita va ser una època brillant, va formar part de la delegació espanyola que va guanyar la XI Copa d'Europa de la Cançó a Knokke (Bèlgica) i va participar a festivals com Sopot (Polònia). I també al 1969, va guanyar el Festival de la Cançó "Singing Europa" als Països Baixos.

Entretant no deixava d'enregistrar nous temes que la discogràfica Belter s'encarregava de promocionar i que, al cap i a la fi, esdevenien nous èxits.

Principalment perquè la Conchita tenia presència assegurada al popular i reeixit programa *Amigos del Lunes*, presentat per Franz Joham i Gustavo Re, dirigit per Artur Kaps.

Per a mi, la trajectòria ascendent de la Conchita no va passar inadvertida, la vaig contractar per formar part dels meus espectacles a les Festes Majors de Catalunya. La presentava sempre embolcallada per un bon elenc d'artistes populars. Destacaria els Hermanos Calatrava, amb ells formaven un tàndem imbatible quant a qualitat artística, simpatia i acceptació per part del públic.

He de confessar que la bona relació entre la Conchita i Paco Calatrava, "el feo de los Calatrava" com l'anomenaven habitualment, va afavorir moltíssim l'ambient i la bona marxa de l'espectacle.

La Conchita era una professional de cap a peus i treballar amb ella era fàcil i agradable. Puc dir el mateix dels Calatrava, que van començar amb mi de jovenets, quan van irrompre a Ràdio Barcelona amb el seu innovador estil de fer humor. Vam recórrer Catalunya sencera i part d'Aragó amb el reconeixement i l'afecte del públic.

Al marge de la temporada d'estiu, ens va arribar una oferta de la cervesera Moritz per a una campanya de promoció dels seus productes. A tal efecte vam muntar un gran espectacle musical encapçalat per Conchita Bautista. La gira va incloure els teatres més importants de Catalunya com el Fortuny de Reus, el Principal de Terrassa, el Kursaal de Manresa i la Societat La Principal de Vilafranca del Penedès, entre d'altres. De Vilafranca, en guardo un bon record ja que hi vaig fer part del servei militar.

La campanya consistia en què el públic bescanviava les xapes de les ampolles per entrades gratuïtes. Va esdevenir un autèntic èxit amb els teatres plens a vessar i les entrades exhaurides amb molts dies d'antelació.

Respecte aquest afer, una curiositat. El negoci, el va propiciar en *Tito* Gallego, germà de Luisito Rey, el qual era el pare del famós cantant Luis Miguel. Cal dir que Luisito Rey havia format part de les nostres produccions i manteníem el contacte.

A l'estiu del 1975, la Conchita és ja una artista consagrada, la seva popularitat no para de créixer, i és de nou una de les figures dels nostres espectacles.

Dins de la gira d'estiu, teníem programada el 28 de juny, una actuació a la Festa Major de San Jorge (Castelló) però ens va arribar la notícia d'un fet dramàtic que va obligar a suspendre l'actuació prevista. La mort de la seva filla Maria del Mar a causa d'un tumor cerebral.

Per a la Conchita, evidentment, la defunció de la seva única filla va ser un cop duríssim, una pèrdua molt difícil de comprendre i pair. Per refer-se de l'embat que li havia presentat el destí, va estar allunyada dels escenaris durant un any.

La primera actuació de la Conchita, després del període de dol i reflexió, va ser, precisament, a la població de San Jorge, on l'any anterior s'havia hagut de suspendre l'espectacle.

Vaig creure convenient, advertir a la comissió de festes que no li fessin cap comentari referent a la defunció de l'any anterior, que tan sols li mostressin el seu respecte i estimació.

Afortunadament va ser així, el públic la va rebre dempeus amb una ovació, que per ella mateixa ho deia tot, les emocions estaven a flor de pell i les llàgrimes humitejaven aquells ulls tan expressius que definien el rostre de la Conchita.

Em van colpir profundament aquells instants d'homenatge, reconeixement i empatia envers una Artista, un esser humà que, tot just feia un any, havia perdut el més preuat que hi ha a la nostra existència, la vida d'un fill.

Durant molt de temps, va ser motiu de conversa amb la Conchita l'episodi viscut a San Jorge. Ni ella ni jo l'oblidarem mai.

Els anys transcorrien de forma inexorable, altres artistes li van prendre el relleu i, a poc a poc, vam anar perdent el contacte. La pèrdua de la seva filla Maria del Mar la va marcar per sempre i decidí recloure's en el passat i en els seus records.

A la Conchita sempre li tindré un agraïment i un afecte especial perquè com artista i sobretot com a persona, va mostrar els millors valors que un esser humà pot atresorar.

Actualment viu a Madrid. Li desitjo molts anys de vida i tota la felicitat del món.

Capítol 7
ANTONIO MACHÍN

Antonio Abad Lugo Machín, de nom artístic Antonio Machín, va néixer a Sagua la Grande (Cuba), l'11 de febrer del 1903.

De la mà de l'orquestra de Don Aspiazu va deixar Cuba per viatjar a New York, posteriorment a Londres i més tard a París, on la música cubana tenia una gran acceptació.

Va arribar a Barcelona, procedent de París l'any 1939, fugint de la Segona Guerra Mundial que acabava d'esclatar a Europa. La invasió de Polònia per part de l'exercit alemany havia provocat que França i Anglaterra declaressin la guerra a Alemanya.

Es va trobar una Barcelona en plena postguerra espanyola, va acceptar la primera feina a la Sala Bolero amb un sou de 25 pessetes diàries, actuava també a cinemes de barriada en els quals es projectaven dues pel·lícules seguides i, a continuació, s'oferien actuacions en viu d'artistes de varietats. Calia sobreviure com fos.

En aquells temps difícils, va tenir la sort de comptar amb l'ajuda de l'actor Fernando Sancho amb qui va establir una bona amistat.

Corria l'any 1947, des de Cuba li van enviar les partitures d'una cançó que va canviar la seva vida, es tractava d'*Angelitos Negros*. La va enregistrar en un disc i en el Salón Novedades de Barcelona, la presentà en directe. L'èxit va ser aclaparador. La cançó va començar a sonar a les emissores de tota Espanya i va esdevenir la número 1 de les cançons dedicades que tan de moda estaven en els programes de la radiodifusió espanyola.

Arran d'aquest succés, Antonio Machín es va convertir en un artista popular i les comissions de festes me'l començaven a demanar. Per tal de gestionar la seva contractació, em vaig posar en contacte amb el seu representant, un senyor de nacionalitat russa que responia al nom de Timchenko. Era un tipus amable que parlava el castellà a mitges, suficient per a poder entendre'ns.

La negociació no va ser fàcil perquè, a part d'un catxet alt, la comissió que oferia era d'un 5% quan el més normal era treballar amb un 10% per a l'agencia de contractació. Davant la meva insistència per canviar el percentatge, Timchenko, exclamava amb el característic accent rus "¡Chinco per Chento, yo de comá!" (per menjar). I així vam començar a contractar-lo.

Quan ja vam tenir més confiança, em va confessar que Antonio Machín era una persona molt garrepa i només li pagava un 10% de comissió, enlloc del 20% que normalment rebia el representant de l'artista i que, aleshores, compartia amb l'agència de contractació.

Malgrat aquestes condicions econòmiques, Machín va actuar en gran part de les Festes Majors de Catalunya.

Amb el meu amic i soci Joan Planas Artau, vam constituir una societat per explotar diferents sales de ball i discoteques de la província de Girona. (Planas -Ardèvol, S.A.)

Entre molts altres artistes de màxima actualitat, vam contractar l'Antonio Machín per actuar a les següents poblacions: Riudarenes (Sala La Pérgola), Lloret de Mar (Discoteca Revolution), Salt, Santa Coloma de Farners, Llagostera, Blanes (Discoteca Peroppe's), Bagur (Hotel Cap Sa Sal), Tordera (Sala de Ball), Palafrugell (Sala Gabriel) i Girona.

En aquella època, Machín ja havia fixat la seva residència a Madrid. Quan viatjava a Barcelona s'hostatjava a l'Hotel Manila del carrer Pintor Fortuny, al costat de Les Rambles.

En arribar em telefonava i em preguntava amb el seu accent cubà: "Oye *Aldevol*, a qué hora vienes tú a buscarme?"

Machín era un gran professional, un artista infatigable en les seves actuacions que es guanyava el favor del públic interpretant, amb aquella personal veu, les seves populars cançons com *Dos Gardenias para ti, El Manisero, Aquellos ojos Verdes,* i el seu gran èxit, *Angelitos Negros,* entre d'altres del seu repertori de boleros i balades romàntiques.

Don Antonio, com era conegut a la professió, era una persona, educada, puntual, ordenada i pulcra però extremadament garrepa.

En una ocasió, volia que jo em fes càrrec de l'import d'un bitllet de metro, quan en realitat no em pertocava. Es va posar a regatejar d'una forma tan exaltada que vaig haver de cedir perquè pensava que li agafaria un cobriment de cor. ¡I tan sols per un bitllet de metro!

A la Festa Major de Palafrugell, va succeir un altre episodi relacionat amb la seva fama d'avar . En acabar l'espectacle, en què compartia cartell amb la Mary Santpere, teníem el costum d'anar a sopar a un restaurant, camí de Barcelona, on servien un menú a base d'un combinat de peix i marisc per 500 pessetes. Machín s'hi va negar amb contundència malgrat l'hora, el preu assequible i la qualitat. Com que viatjava en el meu cotxe, a la Mary li feia il·lusió i jo no tenia ganes de discutir i encara menys d'aguantar males cares dels dos artistes, vaig decidir convidar-los i fora problemes.

Es deia que la seva garreperia era deguda als grans esforços econòmics que havia de dedicar al tractament clínic de la seva dona, Angeles Rodríguez, afectada d'una greu malaltia que li va fer perdre la parla i la va deixar prostrada en una cadira de rodes.

Vam continuar treballant molt de temps amb bona harmonia i grans èxits artístics. En els seus plans no contemplava deixar la música, de fet, no es va retirar mai.

Morí a Madrid el 4 d'agost del 1977 a l'edat de 74 anys, per una afecció pulmonar, acompanyat de la seva dona i la seva filla Irene.

El seu cos va ser traslladat a Sevilla, la terra de la seva esposa, i les seves restes van ser enterrades en el cementiri de San Fernando.

Els titulars d'alguns diaris de la capital van coincidir recordant-lo: "Antonio Machín ya descansa en el cielo con sus *Angelitos Negros*" o "Con él desaparece el cronista sentimental de una época"

Capítol 8
ROCÍO JURADO

Fou una de les grans artistes de tots els temps, una lluitadora incansable, nascuda en aquella Chipiona, que portaria tota la vida en el seu cor.

Sent molt menuda, va cantar en una festa escolar, demostrant la gràcia i l'empenta que la portaria a ser una de les més grans de la *copla,* allí naixia una artista colossal, Rocío Jurado.

Quan vaig tornar de l'Argentina l'any 1964, Rocío Jurado formava part de la companyia de Manolo Escobar. Actuaven en el Teatre Calderón de la Rambla de Catalunya de Barcelona, avui desaparegut.

En Manolo va voler, que el fi de festa de comiat de la temporada de Barcelona, el presentés jo, com homenatge a la meva tornada de terres americanes. Habitualment ho feia el meu amic i company de Ràdio Barcelona, Pepe Antequera.

La primera estrella femenina de l'espectacle, Rocío Jurado, va cantar dos temes del seu repertori amb una força i qualitats vocals que van posar el públic dempeus.

A mi, em va impactar. Malgrat la seva joventut tenia una veu potent a la qual introduïa molts matisos i també una personalitat que omplia l'escenari. La vaig felicitar amb vehemència pronosticant-li un exitós futur en la seva carrera artística.

Allà va néixer una amistat que va continuar fins al final dels seus dies.

Em va explicar que, quan va arribar a Madrid acompanyada per la seva mare, encara no era major d'edat. Una amiga de la família, que es deia Concha Fernández, li va aconseguir una recomanació perquè anés a veure la gran diva D.ª Concha Piquer, la qual tenia aleshores molta influència en els teatres de Madrid.

La Rocío amb molta humilitat i sentiment, va cantar dues *coples* del repertori de la Piquer pensant que seria del seu grat. Va resultar tot el contrari. En acabar la interpretació li va engegar molt severament: "Niña, tú lo que tienes es mucha cara".

Va ser un cop fort i una desil·lusió que la va fer plorar molt però també, segons ella, la va fer més forta.

La seva carrera portava una línia ascendent i vaig començar a contractar-la, de forma esporàdica, per a les Festes Majors de Catalunya. Era un plaer, per ambdues parts, treballar plegats. Sempre sorgia el moment per parlar de forma distesa del que ens havia succeït des del darrer cop que havíem coincidit.

Rosita Ferrer, era una *tonadillera* nascuda a Barcelona, la qual vaig conèixer quan treballava a Ràdio Barcelona ja que formava part de la companyia artística de l'emissora. Em va agradar, cantava molt bé i, quan ja tenia consolidada la meva agència artística, la vaig contractar, en exclusiva, per integrar-la a la meva companyia d'estiu per a les Festes Majors de Catalunya.

Així mateix, vaig incorporar també a l'orquestra de l'espectacle el pare de la Rosita, un excel·lent violinista. Recordo amb molt d'afecte el mestre Ferrer i la seva esposa, la mare de la Rosita, que l'acompanyava sempre a totes les actuacions.

Es va donar el cas, que Rocío Jurado i Rosita Ferrer actuaven conjuntament en un espectacle anomenat *Pasodoble,* interpretant temes de Quintero, León i Quiroga. Es van presentar al Teatro de la Zarzuela de Madrid amb gran èxit per, a continuació, repetir el mateix concert al Teatre Espanyol del Paral·lel Barcelonès. Van arrasar.

Hi era present i vaig tenir l'oportunitat de viure una nit memorable. En finalitzar vam departir al camerino durant una estona. Vivències entranyables que resten per sempre.

Evoco també una altra nit cèlebre en un teatre de la Gran Vía de Madrid, del qual no en recordo el nom. La Rocío es va presentar amb un atrevit vestit de nit i un cuidat estilisme quant a maquillatge i perruqueria, una imatge en definitiva que impactà positivament al públic. Va començar interpretant un repertori melòdic de balades romàntiques amb arranjaments orquestrals de gran qualitat, per fer un gir radical i aparèixer després amb "bata de cola" per cantar els pals flamencs.

Les altes prestacions vocals, oferien els matisos justos i adequats als diferents temes que anava desgranant. L'escenari esdevenia petit davant la gran personalitat de Rocío Jurado.

Aquest radical canvi, va ser determinant en la seva carrera, la va dotar d'una dimensió nacional i internacional que la va conduir a l'èxit absolut. Va assolir el nou *status* de gran diva, ja tothom l'anomenava *La Jurado.*

Malgrat que el seu catxet era molt elevat, continuàvem fent, encara que de forma més esporàdica, actuacions per Catalunya.

Concretament un Cap d'Any, vaig viure una de les actuacions més entranyables a l'Hotel El Muntanyà d'Aiguafreda. Es tractava d'una festa privada, amb un públic selecte, educat però al mateix temps molt càlid i coneixedor del repertori de l'Artista.

La Jurado anava acompanyada per la seva mare, Doña Rosario, Pedro Carrasco, el seu marit, i el mestre pianista Luis Posadas.

Vam sopar tots plegats en un saló a part, ella molt frugal, però compartint de forma distesa històries i anècdotes que uns i altres anàvem explicant.

L'actuació va ser un gran èxit i, en finalitzar, després de reposar una estona, sortí a firmar un munt d'autògrafs accedint a fotografiar-se amb els seus admiradors.

En el viatge de tornada a Barcelona em va dir que havia estat una *gala* molt especial i que sempre la recordaria. Va ser una nit rodona.

En un altra ocasió, la vaig contractar per actuar a Reus la revetlla de Sant Pere, Festa Major de la ciutat. Vam arribar amb temps suficient per realitzar les proves de so amb l'orquestra. Un cop finalitzat l'assaig, quedaven moltes hores per l'inici de la seva actuació i el camerino del recinte de festes del C.N. Ploms, no era prou còmode com per a descansar i fer una petita becaina.

Intento trobar una habitació per a ella en algun hotel però estaven tots complets. Aleshores, com que jo tenia una habitació reservada a l'Hotel Ciutat de Reus, la hi vaig cedir per unes hores perquè pogués reposar en condicions.

La meva sorpresa va ser que al dia següent, quan em van presentar la factura, anava a nom de Rocío Jurado i Ricardo Ardèvol. Total persones 2.

M'havien cobrat, només per unes hores, com si ella hi hagués passat tota la nit.

La factura, la vaig estripar per evitar cap malentès, ja que la premsa estava molt a sobre de la parella Rocío Jurado i Pedro Carrasco.

Em ve a la memòria, un *bolo* molt accidentat que vam fer a Vila-real (Castelló). Rocío encara no era *La Jurado*, tot i que ja estava en plena escalada. L'espectacle estava plantejat amb una primera part de varietats i la segona a càrrec de la Rocío.

El lloc d'actuació era el camp de futbol amb una platea arran de gespa de més de 1.200 cadires. L'escenari, però, era descobert. Malauradament, va començar a ploure i es va haver de suspendre momentàniament, a l'espera que la tempesta anés a menys i es pogués reprendre el *show*.

En veure que la cosa anava per llarg i que el públic volia veure la Rocío, vaig suggerir a la comissió de festes que busqués un espai alternatiu per, al menys, poder portar a terme l'actuació de l'esperada artista.

Ens van oferir, com a única alternativa, un local de sostre baix que no reunia gaires condicions i amb un aforament reduït. L'empresa s'hi avenia, aleshores jo havia de convèncer la Rocío.

He de dir que no em va costar gens, es va fer càrrec de la situació i va actuar, en aquelles precàries condicions. Afortunadament vam poder salvar el *bolo* i cobrar tot el contracte. El públic ho va agrair acomiadant-la amb una gran ovació.

Vull posar de manifest la seva bona predisposició i professionalitat, perquè m'havia trobat en situacions similars amb altres artistes que s'hi havien negat, i no vull dir noms.

Matías Colsada, empresari del Teatre Apolo de Barcelona, programava anualment Isabel Pantoja i Rocío Jurado, durant una setmana, una a continuació de l'altra, buscant la rivalitat entre els fans d'ambdues artistes.

Si la meva feina m'ho permetia, no em perdia el concert de la Rocío. En finalitzar la visitava al camerino per a saludar-la. Conversàvem una estona i manteníem la nostra amistat.

Per a mi, tot i que la Isabel era una bona cantant, no hi havia color, la *Jurado* la superava, àmpliament, en tots els registres artístics.

El seu estatus de gran estrella, feia quasi inaccessible la seva contractació pels ajuntaments de Catalunya. Des del departament de convencions de la nostra oficina, sí que esporàdicament la contractàvem per a grans esdeveniments que organitzaven importants empreses que podien assumir el seu elevat catxet.

D'aquestes actuacions, normalment fora de Catalunya, se'n feia càrrec el meu fill, a qui ella tractava amb molt d'afecte en ser un *Ardèvol*, tot desfent-se en elogis cap a la meva persona.

El meu contacte personal amb ella, per tant, es limitava a les breus estades a Barcelona. Sabia de la seva vida a través dels mitjans de comunicació.

Quan al setembre del 2004 ella va anunciar que patia un càncer de pàncrees, vaig quedar enfonsat, no m'ho podia creure, tan jove i en el cim de la seva carrera artística. Que injust!!!

Mitjançant el contacte amb el seu germà Amador vaig anar fent el seguiment de la malaltia, enviant els meus ànims i bons desitjos.

Malauradament, l'1 de juny del 2006, moria a la seva residència de La Moraleja, prop de Madrid.

Va ser un cop dur.

Per molts anys que passin, la vull recordar amb aquella força i vitalitat que generosament ens regalava, perquè ella serà sempre *Alma, Corazón y Vida.*

Capítol 9
JORGE SEPÚLVEDA

Fem una mirada enrere i ens remuntem a l'any 1945. Un cantant, anomenat Jorge Sepúlveda es trobava en el zenit de la seva popularitat amb els seus boleros, pasdobles i cançons romàntiques.

El seu estil i la seva forma d'interpretar, van impactar. Les seves cançons es van fer populars a través dels mitjans, sobretot de Ràdio Madrid, amb el locutor Angel de Echenique. Temes com *El Mar y tú, Mi Caravana, Enamorado del Mar, A Escondidas* i el grans èxits *Maria Dolores, Mirando al Mar i Santander* el van convertir en un ídol de l'època.

La música de Jorge Sepúlveda, el va portar de gira per països com Portugal, França, Argentina i Cuba.

Al 1953, es va casar amb Angelines Labra, jo no la vaig conèixer fins l'any 1970 quan vaig esdevenir el seu representant. Aquella dona va ser una pedra a la sabata, un malson, a més d'irresponsable i irrespectuosa.

Als anys seixanta els boleros i el romanticisme perden pistonada amb l'arribada de la música anglosaxona i el rock. La joventut es decanta per les guitarres elèctriques i els nous sons.

Davant aquest panorama, Sepúlveda decideix fer un parèntesi en la seva carrera musical. Se'n va a viure a Palma de Mallorca i comença a treballar a Ràdio Joventut com a discjòquei.

Al cap d'uns anys, els temes romàntics i els boleros tornen a l'actualitat, l'anomenada música *camp* inicia una via musical que les discogràfiques volen aprofitar.

Al 1970, Gabriel Orfila de Discos Belter, em crida al seu despatx per comunicar-me que han gravat un LP de grans èxits de Jorge Sepúlveda i que l'Artista està disposat a reprendre la seva carrera musical i presentar el disc, en principi, a Madrid i Barcelona.

Belter, vol que em faci càrrec de la carrera de l'Artista com a representant per a tota Espanya, ja que les nostres col·laboracions amb altres cantants de la casa, com Conchita Bautista, Manolo Escobar, Salomé, Rudy Ventura i Lola Flores entre d'altres, sempre han estat avantatjoses per ambdues parts. Creuen que Producciones ERA és l'empresa idònia per portar a terme el retorn de Jorge Sepúlveda.

Agraeixo la confiança, no obstant això expresso una sèrie d'objeccions a la proposta. Després d'una llarga reunió, la total implicació de la discogràfica en el projecte m'acaba per convèncer i accepto el repte de tornar a posar en òrbita, en el panorama musical espanyol, Jorge Sepúlveda.

En 24 hores ja el tinc assegut en el meu despatx. Personalment no ens coneixíem i la primera impressió per part meva fou molt positiva. En Jorge és un home estilitzat, amb un bigoti molt cuidat, elegant, porta vestit i corbata, i molt educat. Parla pausadament i expressa les seves idees amb claredat mentre fuma amb certa parsimònia. Sembla que domini el fum de la seva cigarreta, tot plegat li confereix una certa imatge aristocràtica.

La seva predisposició a comprometre's en el projecte és total i es mostra plenament convençut que, amb la feina que la nostra empresa pot desenvolupar, el compromís de Belter i la seva capacitat artística, assolirem els objectius fixats; que no són altres que vendre discos, realitzar un bon grapat d'actuacions per a tota Espanya i consagrar-lo de nou com a cantant de referència.

La presentació del disc a Barcelona va ser a la Sala El Papagayo, avui desapareguda. Hi havia expectació perquè vam anunciar que Jorge Sepúlveda actuaria en directe i tant el públic com els mitjans de comunicació van respondre a la convocatòria.

En Jorge va interpretar els seus temes més reeixits. L'acollida per part del públic i els mitjans va ser extraordinària i, tant la discogràfica, com l'Artista i jo mateix ens vam sentir molt satisfets.

A la setmana següent vam traslladar la presentació a Madrid. El plantejament va ser el mateix que a Barcelona i va funcionar a la perfecció. Belter tenia raó, el món *camp* tornava a estar de moda.

Des d'ERA Produccions vam desplegar una campanya mediàtica que tot seguit va tenir una gran resposta per part de professionals i ajuntaments. Aquest interès aviat es va traduir en *bolos* i el calendari d'en Jorge feia molt de goig. En el primer any es van superar les nostres previsions amb escreix.

Jorge Sepúlveda era un artista peculiar quant a la logística de les actuacions. Preferia organitzar-se ell mateix els viatges i les reserves d'hotel. Normalment, aquest era un servei que nosaltres oferíem als artistes però, en el seu cas, ell va decidir fer-se'n càrrec personalment.

Era un home molt metòdic i professional. Mai va arribar tard a una actuació ni creà cap problema. Un artista exemplar que, a més, tenia poder de convocatòria i triomfava amb el seu *show camp* allà on es presentés.

Habitualment viatjava sol, excepte quan el *bolo* era per Catalunya, on sempre l'acompanyava personal de l'oficina o jo mateix. En el tema econòmic era molt estricte. Aprofitant el seu pas per Barcelona, venia al despatx i liquidava les comissions de les darreres actuacions. Aportava un llistat molt detallat amb les quantitats ben especificades. Per a nosaltres una meravella.

La música *camp* es trobava en plena efervescència i Televisió Espanyola s'hi va sumar produint un programa que van anomenar *Mundo Camp*, presentat i dirigit per Romano Villalba.

Per aquest espai, hi van desfilar gran part dels artistes més populars de la cançó romàntica, com Bonet de San Pedro, Lorenzo González, José Guardiola i Rudy Ventura entre d'altres. Jorge Sepúlveda, va ser un dels artistes que més hi va aparèixer per aclamació del públic.

Les bones audiències del programa em van animar a muntar per Catalunya un espectacle purament d'estil *camp,* amb en Jorge Sepúlveda com a figura acompanyat per Bonet de San Pedro, Lorenzo González i Rudy Ventura.

He de reconèixer que la vaig encertar, vam aconseguir tancar moltes actuacions amb un resultat artístic extraordinari, tot i que era en Jorge qui s'emportava els millors aplaudiments.

En Jorge i jo no érem amics, ell era una persona molt hermètica però manteníem una fantàstica relació, sobretot quan es donava l'ocasió de viatjar junts, es mostrava molt més comunicatiu i s'obria a comentar alguns temes personals.

Un dia d'hivern, de camí cap a Girona, em va confessar que ja feia temps que sentia unes molèsties respiratòries i que, aconsellat pel metge, volia prendre's un descans. Vam acordar que no firmaríem més *bolos* en la temporada hivernal, això sí, compliria amb els compromisos adquirits, i de cara a la temporada d'estiu, evitaríem els desplaçaments molt llargs.

El cert és que aquell estiu del 82, li va costar Déu i ajuda finalitzar alguns concerts, tot i així, el públic mai no es va adonar de les seves dificultats respiratòries, Jorge tenia la seva tècnica, els seus trucs, perquè no se li notés res en absolut.

Havia estat més d'una dècada d'actuacions sense parar i en Jorge va decidir retirar-se, per un temps, a la seva casa de Mallorca per tal de recuperar-se.

Dissortadament, no va ser així i es va anar apagant progressivament, fins que el 16 d'agost del 1983, als 66 anys, moria Luis Sancho Monleón, el gran Jorge Sepúlveda.

La notícia em va trasbalsar, tot i que era d'esperar ja que el telefonava un cop per setmana per saber de la seva salut, animar-lo i distreure'l una estona. Les últimes setmanes era incapaç de mantenir una breu conversa. La darrera xerrada, a principis d'agost, va ser com un comiat.

Vaig rebre la trucada i, a corre-cuita, amb el meu amic Joan Planas i en Paco Pociello, treballador del meu despatx, vam viatjar a Palma de Mallorca en el primer vol del matí.

Ens dirigírem al seu domicili i ens rebé la seva dona Angelines. En Jorge encara era de cos present. La sensació que vaig tenir, compartida amb els meus acompanyants, no va poder ser més desagradable. La casa estava feta una calamitat, un desastre. Es respirava una atmosfera pestilent i la brutícia emergia per a tot arreu. Em vaig enutjar molt. No deixo de pensar com devien haver estat els últims mesos de vida d'en Jorge en aquell ambient insalubre i depriment.

Passat aquest tràngol, ens arribàrem al cementiri de Palma. Allí coincidirem amb en Pepe Tous, marit de Sara Montiel, amb qui prèviament havíem parlat.

En Pepe havia visitat en Jorge el mateix dia de la seva mort i precisament havia estat ell qui me l'havia confirmat.

Per sorpresa nostra i de la majoria de presents, va ser enterrat a la fossa comuna. La breu cerimònia de comiat, va ser a càrrec d'un capellà sense cap implicació ni coneixença de la vida del difunt. Expressà quatre paraules sense sentit, com menyspreant el món de l'espectacle i la vida de l'Artista. Vergonyós!!

En acabar vaig interpel·lar el seu germà sobre el motiu de ser enterrat en aquelles circumstàncies i em va etzibar que va ser per exprés desig d'en Jorge, la qual cosa va corroborar la seva dona. Davant aquestes afirmacions res a dir, encara que penso que en Jorge es mereixia un comiat més d'acord a la seva trajectòria i els seus valors humans.

Després Pepe Tous i Sara Montiel, ens van convidar a dinar a la seva casa de Na Burguesa, prop de Palma. Va ser el millor del dia, un magnífic dinar en un entorn meravellós i una agradable companyia.

Al capvespre, vam volar a Barcelona. No podia allunyar del meus pensaments en Jorge, tot el que succeí al seu domicili, al cementiri, l'actitud de la seva dona i la fossa comuna.

Un estrany adéu per a un gran Artista i un cavaller en tots els sentits.

La capital de Cantàbria el va homenatjar dedicant-li un monument en agraïment a la seva cançó *Santander.*

Capítol 10
SARA MONTIEL

A María Antonia Abad Fernández, nascuda a Campo de Criptana (Ciudad Real) el 10 de març del 1928, de nom artístic Sara Montiel, la vaig conèixer a finals dels anys 70 a Palma de Mallorca quan ja era una estrella mundial i havia triomfat a Hollywood.

Va ser amb motiu de la presentació del gran humorista Gila a la ciutat de Palma. L'acompanyava el seu marit i mànager Pepe Tous. Després de la funció vaig estar conversant amb ella quasi dues hores i de seguida vam connectar.

En aquells anys, jo estava vivint un moment professional molt dolç, ja que portava artistes tan importants com Raphael, Los 5 Latinos, Dúo Dinámico, Hermanos Calatrava, Conchita Bautista, Luis Mariano i el mateix Gila, entre d'altres.

Pepe Tous, mallorquí i gran home de negocis amb qui ja havia coincidit, volia convence'm perquè contractés la seva dona per a les Festes Majors de Catalunya. No era la primera vegada que m'havia manifestat aquest desig però les pretensions econòmiques de la Senyora Montiel eren massa elevades per afrontar el muntatge d'una producció en gira. L'actuació de Gila a Palma, propicià el retrobament, facilità la negociació i finalment ens vam entendre i acordar un catxet de 250.000 pessetes per actuació. La

Sara seria la figura d'un espectacle d'altes varietats, reservant la segona part íntegrament per a ella.

Es pot dir que l'èxit va ser aclaparador, teatres, envelats i pistes de ball plenes de gom a gom per admirar en viu i en directe la protagonista de *El Ultimo Cuplé*. La curiositat per comprovar quin era l'estat físic de la gran diva Sara Montiel, també va ser un factor clau en aquella gira triomfant.

Amb les populars cançons com *Fumando Espero, El Relicario o La Violetera* que havia interpretat al cinema i la seva peculiar forma de parlar i connectar amb els espectadors, aconseguí guanyar-se l'estimació del públic català.

En el 1982, l'Antonia, com l'anomenava el seu cercle més proper i de confiança, en el qual jo també m'hi comptava, va tenir les ganes i el caprici d'assumir la direcció del Teatre Victòria de Barcelona amb el risc empresarial que això comportava. Es va signar un contracte per a dos anys.

El seu marit, Pepe Tous, amb el seu equip de treball es va fer càrrec de la programació del teatre. Em va oferir que participés com a soci i com a agent artístic de contractació amb unes condicions molt favorables. M'hi vaig avenir.

La nova etapa del Teatre Victòria, sota la direcció artística de Sara Montiel, es va inaugurar amb l'espectacle del popular Manolo Escobar que a Catalunya tenia un gran poder de convocatòria.

Entretant jo anava configurant l'elenc artístic per a la gran presentació de Sara Montiel a Barcelona. El nom de l'espectacle seria *Doña Sara de La Mancha* i els principals artistes que van formar-ne part van ser: Mary Santpere, Ramon Calduch i Josep Guardiola. La Mary feia molt temps que no actuava al Paral·lel i, de ben segur, que seria una novetat la seva participació al costat de la gran Sara. Pel que fa a Ramon Calduch i Josep Guardiola, ja eren artistes contrastats, de renom i de gran qualitat en el seu gènere i havien assolit un gran èxit formant tàndem, amb el *Show a la Americana,* un rècord de contractació a les Festes Majors de Catalunya.

Els pronòstics no van fallar i *Doña Sara de La Mancha* va ser un succés a Barcelona amb gran acceptació per part de la crítica i el públic.

L'actuació de la Sara agradava moltíssim però qui realment s'emportava les ovacions més intenses era la Mary. Això va crear unes petites gelosies entre elles. La Mary em xiuxiuejava discretament que el seu camerino no estava a l'alçada del de la Montiel.

Lògicament la Sara, com a figura de l'espectacle, n'ocupava el més gran i més condicionat. Jo, als comentaris de la Mary els treia importància i li etzibava: "Personalment, jo no canviaria el camerino pel reconeixement i l'estimació que el públic et mostra en cada funció".

Pel que fa a la Sara, feia revisar els rams de flors que arribaven al teatre. En més d'una ocasió va fer desaparèixer alguna targeta i es va adjudicar obsequis florals destinats a la Mary per tal de ser ella la que més en rebia. La Mary mai no ho va saber!!! Pel bé de l'espectacle li vaig ometre aquesta argúcia de la Senyora Montiel.

Per a la segona temporada, l'any 1983, es va presentar l'espectacle *¡Taxi, Vamos al Victoria!,* amb Sara Montiel com a cap de cartell i l'actor Paco Morán. Aquest era molt popular a Catalunya per les seves exitoses temporades al Teatre Talia amb comèdies com *Violines y Trompetas* i *El Apagón,* formant parella amb Fernando Guillén.

Com a galant, cantant, la Sara va imposar Lorenzo González. D'origen veneçolà i molt ben plantat, havia migrat a Espanya l'any 1952. Ben aviat va triomfar amb la seva orquestra de boleros i música tropical aconseguint el favor del públic que veia en ell el nou Antonio Machín.

En Pepe Tous i jo no estàvem d'acord amb l'elecció d'aquest artista, atès que les seves pretensions econòmiques superaven el pressupost que teníem destinat per cobrir aquesta part de l'espectacle, però era un caprici de la Sara i no ens va quedar més remei que transigir. "La Sara és molta Sara", em va comentar resignat el seu marit.

Vaig entendre, més aviat que tard, el perquè de l'obstinació de la Senyora Montiel envers Lorenzo González.

Una tarda, arribant al teatre, em va comentar que, en finalitzar la funció, volia anar a Castelldefels a sopar amb en Lorenzo i que li organitzés el desplaçament. Vaig disposar que el nostre xofer de confiança, Germán Granero, els acompanyés i restés a la seva disposició. Al matí següent, el fidel Granero va venir al despatx per informar-me puntualment de la sortida/cita. Havia estat un autèntic sopar romàntic ple de tendres moixaines per ambdues parts amb ball inclòs.

Vint-i- quatre hores després, apareixia en portada d'una revista del cor una fotografia del Pepe Tous amb un casc de viking. A l'interior algunes fotos de la parella ballant molt compenetrats.

En Pepe venia pel nostre despatx cada dia ja que li havíem cedit una taula i un telèfon, per gestionar tots els seus altres negocis. No sabia com plantejar-li l'afer succeït perquè no s'enutgés. Quan, sense recança, li vaig mostrar la revista, per a sorpresa meva, va reaccionar amb molta tranquil·litat, em va mirar i amb tota naturalitat em va dir: "Amic Ricardo, aquest és el preu que s'ha de pagar per estar casat amb una gran estrella". Vaig assentir sense cap més comentari.

L'espectacle era un èxit, les funcions s'omplien i el públic sortia molt complagut.

El nostre veí del Teatre Apolo, l'empresari Matías Colsada, donava senyals de nerviosisme, era un home envejós, pensava que els negocis només li podien funcionar bé a ell. Nosaltres havíem apostat per un tipus d'espectacle més modern i adequat als temps, amb una gran estrella com Sara Montiel, secundada per un elenc d'artistes de renom i de gran qualitat.

Així mateix, l'actuació especial de Manolo Escobar per inaugurar la temporada, després de molt temps absent dels escenaris barcelonins, resultà un encert i va motivar la reacció del Sr. Colsada que va arribar a contractar també diferents figures de caire internacional, sobretot de la cançó francesa, per contrarestar l'atenció mediàtica al Teatre Victòria.

Durant aquests dos anys, la Sara i el Pepe van viure a Barcelona per compaginar la temporada teatral amb els *bolos* de l'estiu. Un bon dia, a primera hora de la tarda, rebo una trucada de Televisió Espanyola de Catalunya, per sol·licitar la presència de Sara Montiel en un programa especial aquella mateixa nit. Li exposo al Pepe i em comenta que no hi ha temps material per preparar-se, quedo bocabadat i li dic, però si queden 5 hores!! A la qual cosa ell em respon amb flegma mallorquina: "Ricardo, tu no saps el que costa disfressar-se de Sara Montiel". Evidentment vaig excusar la invitació.

Ven al Paralelo, era el títol d'un programa musical de Televisió Espanyola, presentat per la Sara, que es gravava al Teatre Arnau de Barcelona. Com a mestre de cerimònies, l'acompanyava el polifacètic Joan Gimeno. El programa s'emetia per la 2 de TVE, atès que era un xic irreverent i surrealista, un espectacle de *music-hall* televisat, amb esquetxs, coreografies atrevides i vestuaris al límit del decòrum permès a la televisió d'aquells anys.

Va comptar amb artistes com Eugenio, Joan Monleón, Celia Cruz, Doña Adelaida i altres grans figures nacionals i internacionals. Es va emetre amb grans xifres d'audiència durant dues temporades, 1992 i 1993, aquesta última des del Teatre Condal de Barcelona.

No obstant això, la vida guarda cops amagats que ningú no s'espera i l'agost del 1992, moria en Pepe Tous. Havia estat diagnosticat i operat de càncer de colon però la malaltia es va estendre al fetge i, en un any i escaig, se'n va anar. Tenia 60 anys.

La seva mort, tan ràpida i quan no tocava, ens va deixar a tot el seu entorn commocionats però qui va viure una autèntica tragèdia va ser la Sara. El Pepe era el seu marit, mànager, amic, conseller, ho era tot per a ella, i pare dels seus dos fills adoptats, Thaïs i Zeus. En definitiva, la Sara no veia la seva vida sense ell. Va trobar-se molt desorientada però no li quedava altre remei que tirar endavant.

En el plànol artístic, em va proposar que fos el seu mànager, li vaig agrair molt la confiança però jo havia deixat l'oficina d'ERA Produccions per dedicar-me plenament a dirigir El Molino. Li vaig plantejar que se'n podia fer càrrec el meu fill, aleshores al capdavant de l'agència i així va ser. Durant quatre anys el Ricard Jr, va ser el mànager de l'artista espanyola més internacional.

Pel que fa als negocis que tenien a Palma, entre ells el Bingo Balear i el Teatre Principal, la Sara va tenir molts problemes perquè les persones en les quals havia confiat el Pepe, van intentar aprofitar-se de les circumstàncies i de la vulnerabilitat de la seva vídua.

La nostra amistat va ser sempre molt sincera i amb molta complicitat per ambdues parts, sota el maquillatge, el glamur i els havans, hi havia una persona senzilla que, en la distància curta, era molt propera, divertida i encantadora.

Vaig intentar ajudar-la en tot allò que vaig poder i la nostra relació va romandre fins al final dels seus dies. Va morir a Madrid l'any 2013, tenia 85 anys.

Estrena “Doña Sara de la Mancha” al Teatre Victòria, 1982.

Amb Sara Montiel i Pepe Tous.

Al Teatre Victòria amb Xavier Cugat i Lorenzo González, 1982.

Josep Guardiola, Salomé, Ricardo i Ramon Calduch.

Capítol 11
XAVIER CUGAT

Als anys 50, quan jo era locutor a Ràdio Barcelona, Xavier Cugat va fer arribar a l'emissora un disc de 78 r.p.m. que s'iniciava amb una cançó popular catalana, anomenada *La Mare de Déu quan era Xiqueta,* a continuació ell, amb la seva veu i accent característic, tot dient: "Les habla Xavier Cugat desde los Estados Unidos de América"

Pot semblar una tonteria però aquella cançó com a introducció musical i la seva forma de parlar em van impressionar i, al mateix temps, em despertaren un interès pel repertori i la persona de Xavier Cugat. El músic català, nascut a Girona, que ja era mundialment famós.

Al mes de juny del 1963, quan em trobava de gira per Sud-amèrica amb el meu artista Juan José, tenia l'obsessió de conèixer personalment Xavier Cugat i estava disposat a viatjar als Estats Units per tal de compartir una estona amb ell.

Per a decepció meva, va ser impossible ja que Cugat també estava de gira, pel Japó i vaig pensar que mai més no tornaria a tenir una oportunitat com aquella.

Però la vida sempre ens amaga sorpreses i l'any 1978, Xavier Cugat torna a Barcelona. S'instal·la a l'Hotel Ritz acompanyat per la mexicana Ivonne Martínez.

El seu objectiu era muntar un Casino a Eivissa, una emissora de ràdio que s'anomenaria Ràdio Cugat i altres negocis que rondaven pel seu cap.

Un bon dia em truca en Lluís Ferrer, director de l'Orquestra Maravella, amb qui tinc bona amistat, per a proposar-me un negoci que, segons ell, m'interessarà segur, afegeix que no em pot donar més informació però em demana que confiï en ell.

Amb aquesta expectativa, però amb certa intriga, em dirigeixo al Restaurant El Canari de la Garriga, situat molt a prop de l'Hotel Ritz, per mantenir una reunió.

El maître del restaurant m'acompanya a una taula per a quatre persones. Em reben amb tota cordialitat, l'amfitrió Lluís Ferrer i el promotor i periodista Carlos Pardo, a qui ja coneixia sobradament. Després d'una prèvia de salutacions i abraçades, apareix el comensal que faltava, avançava lentament cap a nosaltres, era en Xavier Cugat en persona. No m'ho podia creure!!!

Simpàtic, rialler i amb aquella seguretat que donen els anys i les experiències viscudes m'etziba: "Hombre Ardèvol !! Ja tenia ganes de coneixe'l. M'han parlat molt bé de vostè"

Imagineu-vos la cara de babau que em va quedar!!! Per fi havia pogut coincidir amb el gran Xavier Cugat.

Però anem al motiu de la convocatòria. Es tractava de transformar l'Orquestra Internacional Maravella en la Gran Orquestra de Xavier Cugat, conduïda per en Lluís Ferrer amb Xavier Cugat com a convidat especial, dirigint personalment els músics de la Maravella, en alguns dels temes més populars enregistrats en els seus discos.

En Lluís Ferrer i Carlos Pardo, havien pensat en mi per portar la contractació de l'Orquestra de Xavier Cugat per a tota Espanya i per a la resta del món. "Cugui" tenia una especial predilecció pel Japó i els Estats Units. La presentació oficial de l'Orquestra es faria a la ciutat de Girona.

Com podeu imaginar, el projecte m'entusiasmava i m'interessava per la qual cosa vaig respondre afirmativament, en un instant.

Al cap d'uns dies, quan tot just estàvem a punt de signar el contracte, va succeir un fet inesperat, la prematura mort d'en Lluís Ferrer als 55 anys.

Malauradament, tot se'n va anar en orris, la defunció de l'amic i ànima del projecte va fer inviable portar-lo a terme. S'havia perdut un gran professional, un apassionat de la música i una oportunitat única per fer història.

La relació de Xavier Cugat amb les dones era coneguda per tothom, s'havia casat cinc vegades amb cantants i actrius famoses com la cubana Rita Montaner, la mexicana Carmen Castillo, la nord-americana Abbe Lane i l'espanyola Charo Baeza. Quan va arribar a Barcelona, feia molt poc temps que s'havia divorciat d'aquesta última.

Aleshores, sempre que vaig coincidir amb ell, anava acompanyat per alguna atractiva senyoreta. Li agradava molt assistir a les representacions de El Molino, Teatre de *Music-hall* que vaig dirigir des del 1981 al 1994, sobretot a les estrenes. Per a mi era una satisfacció comptar amb la seva presència i un plaer poder xerrar del món de l'espectacle amb un home que havia compartit i viscut experiències amb grans estrelles com Frank Sinatra, entre d'altres figures del *Show Bussines* americà.

Al 1987, si no recordo malament, "Cugui", com afectuosament l'anomenaven als Estats Units, va fer un tracte amb l'Orquestra Caravana, semblant al projecte de la Maravella i aquesta es va convertir en l'Orquestra Xavier Cugat. Jo no hi vaig tenir res a veure, ni tan sols em van consultar. En qualsevol cas, no es tractava del mateix projecte, havien passat quasi deu anys i les meves perspectives professionals eren diferents.

L'Orquestra Xavier Cugat Caravana, comptava amb una jove cantant de Lloret de Mar que es deia Nina. "Cugui" se'n va adonar de les seves condicions extraordinàries com a cantant i la va apadrinar en els inicis de la seva carrera.

En aquest aspecte, Cugat era un home que detectava el talent i li agradava donar suport als artistes emergents. Era conscient de les dificultats que, de ben petit, va haver de patir perquè la seva família es va veure obligada a emigrar a Cuba, a causa de l'activisme republicà del seu pare.

Als 8 anys ja toca el violí pels cafès de l'Havana i aconsegueix entrar al conservatori Peyrellade. Als onze anys debuta amb l'Orquestra Simfònica del Teatro Nacional de La Habana, on coneix al gran Enrico Caruso el qual queda impressionat per la precocitat del jove Cugat i amb qui fa amistat. Aquest el convida a visitar-lo a New York i sense dubtar, a la primera oportunitat que té, cap allà que se'n va però Caruso es troba de gira i ha de malviure passant fam i dormint al ras al Central Park.

Aquests són els inicis de la carrera d'un músic català que, amb els anys, es va convertir, conjuntament amb Pau Casals, en el més universal de la història.

"Cugui" era un bon conversador, molt amè en el seus relats, i amb mirada de murri, que m'havia explicat amb vehemència els esmentats inicis professionals i molts passatges i episodis de la seva apassionant vida.

Se sentia orgullós de ser gironí i d'haver nascut, el primer de gener de l'any 1900, a la Plaça de l'Oli. En diverses ocasions m'havia comentat el seu desig d'arribar als 100 anys per la singularitat del canvi de segle, per allò d'haver viscut en dos segles diferents.

Lamentablement, no va poder arribar-hi i morí a Barcelona el 27 d'octubre del 1990. Va ser enterrat al cementiri de Girona. A la làpida de la seva tomba s'hi pot llegir: "Xavier Cugat i Mingall. Català Universal", i l'epitafi "Cugat, que va viure"

A casa meva guardo, amb molt d'afecte dues caricatures i alguns dels seus discos més preuats per evocar la seva música i la seva genuïna i inoblidable personalitat.

Capítol 12
SALOMÉ

Hi ha artistes que, per diferents motius, accedeixen al món de l'espectacle sense cap preparació ni estudis. Altres poden assolir coneixements, aprendre tècniques, documentar-se, investigar i evolucionar. Alguns triomfen i la resta passen sense pena ni glòria, tot i arribar a viure del seu art.

En qualsevol cas, tot és respectable i, assolir l'objectiu que cadascú s'ha marcat, té el seu procés de dificultats i el seu mèrit.

En el cas de l'Artista de qui a continuació us parlaré, va poder estudiar belles arts i ballet clàssic a l'escola Joan Magriñà de Barcelona. Posteriorment va marxar a París per formar part del llegendari Ballet del Marqués de Cuevas amb el qual va recórrer Europa i l'Orient Mitjà entre el 1959 i el 1961.

Malgrat el seu bagatge com a ballarina clàssica, Maria Rosa Marco Poquet, nascuda a Barcelona el 21 de juny del 1939, va decidir ser cantant ja que tot i ser una bona ballarina tenia clar que, en el món de la dansa, si no ets una número 1, és molt complicat fer carrera i guanyar-se bé la vida. Va cursar estudis de música i aconseguí el seu objectiu. En considerar que necessitava un nom artístic impactant, va triar Salomé.

La vaig conèixer quan jo treballava a Ràdio Barcelona, ella participava en un programa del gran periodista i locutor Joaquín

Soler Serrano, a qui recordo sempre amb gran afecte. Va ser concretament ell qui va impulsar la Maria Rosa a ser cantant.

Soler Serrano tenia amistat amb els seus pares i tot sovint coincidien a Casa València de Barcelona, ja que els progenitors de la Maria Rosa eren valencians. Casa València era com un niu d'art i, en aquelles vetllades, de tant en tant, la Maria Rosa actuava interpretant temes de Concha Márquez Piquer i Antonio Amaya.

Soler Serrano, conscient que aquella veu tenia possibilitats, va reptar la Maria Rosa a atrevir-se a cantar en el seu programa de ràdio, ella ho va entomar però va decidir que no podia presentar-s'hi cantant temes de la Piquer. Aleshores, com que tenia facilitat pels idiomes, es va aprendre, escoltant-la per la ràdio, la cançó que havia guanyat el Festival del Mediterrani aquell any, interpretada per Nana Moskouri. A partir d'aquí tot va començar.

Si no m'erro estaríem parlant de finals de l'any 1961, principis del 1962.

La Maria Rosa, em va impressionar pel seu ferm caràcter, era una noia amb empenta i molt agosarada que sabia el que volia. Per tal de comptar amb un repertori musical propi i selecte, va visitar diferents autors i compositors de referència fins a trobar el que desitjava.

Ben aviat, va donar fruit el seu tarannà ja que va començar a enregistrar singles amb discogràfiques com Edigsa, Iberofón, Zafiro o Belter.

Al 1963, va participar en el V Festival de la Canción del Mediterráneo celebrat a Barcelona. Es presentava amb la cançó *Se'n va Anar,* composta pels mestres Josep Mª Andreu i Lleó Borrell, aquest últim morí prematurament.

En aquest festival, compartí la cançó amb el cantautor valencià Raimon, ja que la mateixa composició havia de ser defensada per dos intèrprets.

Salomé, però, es va emportar el primer premi. *Se'n va Anar,* va esdevenir el seu primer èxit i es va convertir en un clàssic del seu repertori. La premsa es preguntava com, en plena dictadura franquista, havia pogut guanyar una cançó cantada en català.

Vaig decidir que era el moment de contractar-la per als meus espectacles, va ser una novetat. Tenia molta força, talent, personalitat a l'escenari i una veu potent amb identitat. Era aclamada pel públic d'arreu on la presentàvem.

A Televisió Espanyola, s'emetia un programa d'èxit, *Los Amigos del Lunes,* presentat per Franz Joham i Gustavo Ré. En un dels programes va actuar el cantant nord-americà Andy Russell, que visitava Barcelona per primera vegada. La ciutat el captivar i va decidir quedar-s'hi unes setmanes per fer turisme.

Aleshores, vaig poder contactar amb ell i vaig proposar-li unes actuacions per diferents sales de Catalunya, una feina còmoda que li permetria seguir fent turisme i finançar-se l'estada. Ens vam posar d'acord en les condicions econòmiques i conjuntament amb els meus companys de professió, Antonio Centaño i Albert Grau, vam programar–li una petita gira. El resultat va ser espectacular, gran resposta del públic i èxit artístic a tots els concerts. Va resultar molt satisfactori per ambdues parts, tant és així, que vam aconseguir signar un contracte per a la temporada d'estiu.

L'Andy va ser l'estrella dels nostres espectacles. D'ascendència mexicana, molt simpàtic, cantava en espanyol un repertori de música llatina, boleros i balades romàntiques que entusiasmaven al públic.

És en aquest context que coincideix amb Salomé. En poc temps, els mitjans de comunicació es van fer ressò de l'idil·li entre els dos cantants. El cas és que, en acabar la gira d'estiu, l'Andy s'emportà Salomé a Mèxic. De la seva mà, va debutar a El Patio, prestigiós centre d'espectacles de la ciutat de Mèxic, on s'exigia etiqueta per entrar i que servia de passaport per actuar als teatres i locals més importants del país, així com per tenir presència a la ràdio i la televisió. Així mateix, la seva repercussió mediàtica obria les portes a altres països de l'Amèrica Llatina.

L'esperat *show* de la catalana Salomé no va decebre. El temperament i la qualitat de les seves interpretacions van quallar en el públic mexicà que la va acomiadar dempeus amb una llarga ovació. Va triomfar plenament.

No soc conscient del temps que va passar a Amèrica ni de quant va durar la seva relació amb l'Andy Russell, però quan va tornar es va incorporar de nou als nostres espectacles de Festa Major.

La Maria Rosa, tenia molta gràcia a explicar acudits i anècdotes una mica pujades de to. Recordo un dia que viatjàvem en el meu cotxe cap Andorra i va començar a explicar intimitats de l'Andy Russell, que si la dentadura postissa, que si la *pata de palo*, que si l'ull de vidre... s'expressava amb tanta vehemència i naturalitat que no podies aturar el riure, jo plorava i tot. Cal dir que l'Andy era vint anys més gran que ella.

Uns mesos més tard, em va presentar la seva nova parella, el cantant alacantí Jaime Morey per tal de veure la possibilitat que formés part del nostre catàleg d'artistes i treballar a Catalunya. Vam fer algunes actuacions i el vam incorporar a la nostra agència.

Mentrestant, la seva carrera anava progressant de la mà de la discogràfica Belter, enregistrant nous temes i acudint a diferents festivals com el III Festival Da Cançao de Rio de Janeiro, Sopot a Polònia o el Pop Golden Clef celebrat a Txecoslovàquia. Era l'any 1968.

Arriba el 1969, és designada per Televisión Española per representar Espanya en el Festival de Eurovisión amb la cançó *Vivo Cantando*. Un tema que no s'adeia, ni al seu estil, ni a la seva veu però que va defensar amb molta solvència. La seva imatge i la posada en escena van impactar. Portava un vestit pantaló de Pertegaz confeccionat a base de canutets de color turquesa que pesava 14 quilos.

Va resultar guanyadora, bé, en realitat, i per primer cop, en el festival el premi va ser *exaequo* per a quatre països, Regne Unit amb Lulú, França amb Frida Boccara, Països Baixos amb Lenny

Kuhr i España amb Salomé. Malgrat compartir el premi, va ser un punt d'inflexió en la seva carrera perquè va actuar a la majoria de programes musicals de les televisions europees. Al mateix temps, a Espanya, va incrementar la seva popularitat i prestigi.

En el terreny personal, 1969 va ser també un any molt important per a la Maria Rosa ja que es va casar amb Sebastián García Vernetta, representant artístic valencià i bon amic meu. Van fixar la seva residència a la ciutat de València.

Durant la dècada dels 70's als 80's, la seva discografia està marcada pels boleros d'Armando Manzanero i temes folklòrics del mexicà José Alfredo Jiménez, així com peces dels compositors espanyols, Rafael de León i el Maestro Solano.

Sempre recordaré un concert antològic que Salomé va oferir al Teatre Calderón de Barcelona, va ser apoteòsic. El vaig gaudir intensament, el clímax va arribar quan va interpretar la meva cançó predilecta, *El último Acto,* del cantautor argentí Chico Novarro.

Cal esmentar que al 1971 va enregistrar un disc de sardanes, fou la primera dona a aconseguir-ho.

Salomé va ser artista de la nostra agència, Producciones ERA, durant molts anys. Conjuntament amb Ramon Calduch i Josep Guardiola va formar part del *Show a la Americana,* un espectacle de gran èxit que va girar per les Festes Majors de Catalunya durant algunes temporades.

He de dir que, en moltes ocasions, el millor del *show* es quedava als camerinos. Quan s'ajuntaven en Calduch i Guardiola amb la Salomé, revolucionaven amb les seves històries i acudits a tota la companyia, de vegades els havia de cridar l'atenció perquè les riallades es podien sentir des del pati de butaques.

Va ser una etapa de la meva vida molt feliç. Era un autèntic plaer compartir, amb aquells artistes, que a més eren amics, tantes actuacions, tants èxits, tantes experiències i vivències personals.

Sento nostàlgia d'aquell temps ja que els espectacles a Catalunya, a partir de finals dels anys 80, van començar a patir un declivi, els gustos de la societat estaven canviant. La nostra empresa, amb l'aportació i les idees del meu fill, ens vam saber adaptar i produir altres estils d'espectacles, però això ja és una altra història.

Salomé, a mitjans dels anys 90, es va convertir en presentadora de Canal 9, la cadena autonòmica valenciana, conduint programes concurs i magazins d'actualitat. També es va saber adaptar.

La nostra darrera trobada va ser, per casualitat, en un restaurant de Vilassar de Mar, l'any 2012. Ambdós vam tenir molta alegria perquè, malgrat mantenir el contacte per telèfon, feia molt temps que no coincidíem personalment.

En l'actualitat, continua vivint a València amb el seu marit Sebastián, a prop del seu fill i dels seus nets.

Tot el meu respecte, admiració i estimació per a la Maria Rosa, la incomparable Salomé.

Capítol 13
BONET DE SAN PEDRO

L'illa de Mallorca ha donat grans artistes que, al llarg de la seva carrera, sempre han fet palès el seu origen mallorquí.

Bonet de San Pedro, músic, compositor, instrumentista i cantant, n'ha estat un. En primer lloc, el seu nom artístic està relacionat amb el barri de San Pedro, de la ciutat de Palma de Mallorca, on es va criar en Pere Bonet Mir, nascut en aquesta mateixa població un 27 d'agost del 1917.

En segon terme, només cal donar una ullada a tota la seva obra per comprovar que els títols de gran part de les seves cançons, fan referència a Mallorca i les illes Balears. Per exemple:

Bajo el cielo de Palma, Cala D'or, Canto a Mallorca, Sombras de Formentor, Palmanova, Costa de Calvià, Ciutadella bona terra, Mediterráneo, Isla Blanca, Juntito al mar, Mallorca tiene de todo o Caracola, entre d'altres.

Les seves composicions posaven de relleu la llum, el color, la bellesa, el sol i la pau de la seva terra i, allà on fos, sempre en parlava. La seva feina el va portar a viatjar i passar temporades allunyat de Mallorca, a la qual tornava sempre que la feina li ho permetia.

La seva carrera es va iniciar a l'illa, tocant en hotels i locals com el cafè del Born. Ben aviat va fer el salt a Barcelona, on va actuar com a cantant formant part de les orquestres de Ramón Evaristo i Gran Casino.

Bonet era un home emprenedor i, el 1942, va muntar la seva pròpia orquestra, "Bonet de San Pedro y los 7 de Palma", van debutar en el Saló Rigat de Barcelona i foren llargament aclamats pel públic. Amb aquesta formació, va recórrer Espanya i va assolir grans èxits i popularitat. Sobretot gràcies a un tema anomenat *Raskayú,* que l'ha fet passar a la història de la música popular i pel qual sempre serà recordat.

La meva relació amb en Bonet de San Pedro comença al 1970, quan la cançó i els cantants *camp* tornen a estar de moda. La discogràfica Belter confia la contractació de Bonet de San Pedro i també de Jorge Sepúlveda a la nostra agència, Producciones ERA.

A Bonet no el coneixia personalment, recordo haver assistit a una actuació seva al Teatre Fortuny de Reus, just abans del meu servei militar, on va triomfar plenament. Més tard, com a locutor a Ràdio Reus, E.A.J. 11, quan atenia les peticions dels discos sol·licitats pels oients, Bonet de San Pedro era un dels artistes més demanats.

Aquesta havia estat la meva connexió amb aquest músic mallorquí, quan va sorgir l'oportunitat de representar-lo. Tenia molt interès a conèixer l'Artista personalment, ja que tots els tractes entorn la futura etapa professional d'en Bonet els havia tingut, tan sols, a través de la discogràfica Belter.

El vaig anar a rebre a l'aeroport i, en dos segons, és una forma de parlar, se'm va mostrar com un llibre obert. Ràpidament em vaig poder fer una idea de com era aquell personatge i com hauria de ser la nostra relació i convivència.

El primer que va fer, després de saludar-me efusivament, tot just coincidíem per primer cop, va ser demanar-me una bestreta de 200.000 pessetes per comprar-se un cotxe. La veritat, em va sorprendre, no m'ho esperava així tan de sobte. La meva resposta, un cop havia processat la seva demanda, va ser que ho comentés primer amb Belter i, en funció de la seva decisió, en tornaríem a parlar. Mai més no va passar.

Amb el tracte, vaig constatar que Bonet era, sobretot, una bona persona. Un home simpàtic, rialler, sempre de bon humor i, això sí, molt bohemi. Un tarannà molt diferent de Jorge Sepúlveda, l'altre artista *camp* que jo representava.

A part d'actuar en molts *bolos,* Bonet omplia les millors sales de Barcelona d'aquells anys com Bolero i Empòrium.

La seva carrera a Catalunya i Espanya no fou tan reeixida com la de Jorge Sepúlveda, no van ser tants anys però sí intensos i productius.

Sense arribar a ser grans amics, vam tenir una molt bona relació personal, ens apreciàvem molt. Pel que fa a la feina, era molt professional i no recordo cap problema important.

Finalitzada l'etapa d'en Bonet a Producciones ERA, continuàvem conreant la nostra amistat amb trucades esporàdiques que, de tant en tant, resultaven una proposta de feina, un viatge a Barcelona i una trobada sempre afectiva i cordial.

El 7 de desembre del 1998, Mallorca li va retre un gran homenatge, amb el títol "Mallorca a Bonet de San Pedro", patrocinat pel Govern Balear, l'Ajuntament de Palma i el Consell Mallorquí. Es va celebrar a l'Auditòrium de Palma, totalment abarrotat fins a la bandera.

Hi van actuar, entre d'altres artistes, Joan Manuel Serrat, Los Valldemosa, Lorenzo González, José Guardiola, Rudy Ventura, Salomé, Luis Cobos, Xesc Forteza, Eugenio i Tomeu Penya. Vaig tenir l'honor de ser un dels presentadors de l'homenatge, al costat de grans professionals com Salvador Escamilla i Joan Frontera.

Va ser una nit de moltes emocions i records per a en Bonet que, als seus 81 anys, es va passar la nit plorant i repartint abraçades i agraïments.

Un reconeixement inoblidable per a un Artista amb 60 anys de carrera, que es va guanyar l'estimació de tota la professió, i això no ho aconsegueix tothom en un món d'enveges i rivalitats.

Bonet, al llarg de la seva vida artística, va ser un supervivent, capaç de cantar amb la seva guitarra als vaixells per a turistes a l'època de les vaques magres, fins a tocar el cel amb la seva orquestra, "Bonet de San Pedro y los 7 de Palma", a les millors sales i auditoris d'Espanya. I sempre amb un somriure.

Morí a la seva casa de Palma de Mallorca, el 18 de maig del 2002, deixant un llegat de cançons populars que seguiran a la memòria de col·leccionistes, nostàlgics i historiadors.

Coneixent-lo, segur que, des de més enllà de les estrelles, Bonet no deixa de cantar i admirar la seva "Bahía de Palma".

Capítol 14
LITA CLAVER, *LA MAÑA*

Emilia Giménez Giménez, coneguda artísticament com Lita Claver, *La Maña*, va néixer a Saragossa, el 25 de febrer del 1945, en el si d'una família gitana, era la menor de 16 germans.

Com que a casa seva hi havia dificultats econòmiques, als 5 anys ja ballava flamenc pels cafès de la ciutat, passant el plateret per a poder menjar.

A l'edat de 8 anys va entrar a formar part de la companyia teatral de la família Esteso, actuant per l'Aragó i amb la qual va passar la seva joventut.

Poso en context aquesta situació per comprendre millor qui és la Lita i les circumstàncies en què la vaig conèixer.

Va ser al 1981, em va visitar acompanyada pel seu marit Rafael al meu despatx del carrer Tuset. La Lita va exposar que tenia el desig i la necessitat de sortir de El Molino, on portava més de 10 anys seguits treballant diàriament, sense cap dia de festa, i psicològicament estava saturada._

Així mateix volia portar una vida diferent, sense l'exigència de treballar tant i gaudir de temps lliure per a la família i per a ella mateixa.

Desitjava realitzar *bolos* per Catalunya i Espanya per tal d'aconseguir consolidar la seva carrera i popularitat.

A mi, com empresari i mànager el projecte d'una producció en gira amb l'estrella del Paral·lel m'interessava. Estava convençut que, *La Maña*, com la va batejar el públic de El Molino, s'adaptaria a treballar en espais de més gran aforament com els envelats, pavellons i places públiques on es representaven els espectacles de Festa Major.

Però va coincidir que, amb el meu soci Emilio Caballé, havíem comprat El Molino i vam creure oportú que *La Maña* continués un any més, millorant les seves condicions laborals, esdevenint la figura del nou espectacle que havia preparat l'empresa sortint de Dª Vicenta Fernández.

Ella va acceptar, encara que una mica a contracor, amb la promesa, per part meva, que a l'any següent sortiria de El Molino per fer la gira d'estiu del 1982.

La primera impressió que vaig tenir quan vaig veure *La Maña* actuant al Molino va ser impactant, era una bèstia a l'escenari, un autèntic terratrèmol que no donava treva al públic amb qui parlava i interactuava constantment.

El meu dubte, tal com he comentat abans, era si la seva forma de treballar seria igual d'efectiva en locals molt més grans. Per tal que no acusés tant el canvi d'escenari i fes una adaptació més progressiva, vaig planificar el seu debut en el mes d'abril, a la Festa Major de Piera, en el Teatre Foment, espai amb una capacitat una mica més gran que El Molino.

L'èxit va ser apoteòsic, el teatre ple a vessar i el públic totalment entregat als acudits i les improvisacions de *La Maña*. En veure aquell gran triomf, ho vaig tenir clar, seria així a tot arreu independentment de l'espai i l'aforament, era una artista que traspassava la *candileja.*

Vaig creure oportú, a fi de protegir-la, que en el seu primer any no fos ella la figura única de l'espectacle. Aleshores va compartir capçalera amb el ventríloc José Luis Moreno.

El títol de l'espectacle era *¡Toma Risa!*, l'elenc artístic estava format per:

Susana i Francesc (cançó catalana i internacional)
Merche Bristol (vedet)
Los Athenas (atracció acrobàtica)
Lita Claver, *La Maña*
José Luis Moreno.

L'espectacle el presentava i el dirigia jo. Vam dur a terme més de 50 actuacions i arreu vam triomfar. Cadascun dels artistes aconseguia grans aplaudiments del públic però qui s'emportava el seu afecte era *La Maña*, la veien com si fos de la família. La primera part la tancava *La Maña* i tota la segona part era a càrrec del Moreno.

Durant tot l'estiu, la convivència entre els artistes de la companyia va ser exemplar, ni un problema, fins que, en arribar setembre, en José Luis Moreno va agafar un atac de banyes i pretenia que acomiadés el duet Susana i Francesc amenaçant de deixar la companyia si no ho feia.

El Moreno acusava la Susana de coquetejar amb el seu ajudant i company sentimental, la qual cosa no era certa però ell ho veia així.

Li vaig argumentar que no era possible ja que Susana i Francesc havien ja cobrat un avançament del contracte. Això no era cert però va ser el primer que se'm va acudir per salvar la situació.

Atès que el duet obria l'espectacle, li vaig proposar al Moreno que si, en finalitzar l'actuació la parella marxés, quan ell arribaria, i solia fer-ho a la meitat de la primera part, ja no se'ls trobaria. Ho va acceptar i vaig respirar tranquil.

Quan vaig plantejar l'assumpte a la Susana i el Francesc van quedar bocabadats, no s'ho podien creure, però no van tenir altre remei que assumir la nova proposta.

La Susana era de mare portuguesa i havia treballat a El Molino. Passats uns quants anys, vaig anar al Palau de la Música convidat per la cantant de fados Misia, que no era altra que la nostra Susana, ja que havia esdevingut una primera figura internacional. En acabar el concert em va rebre al camerino i vam comentar, entre d'altres anècdotes, el mal que els havia fet el Moreno en aquell moment.

A José Luis Moreno, em cap la satisfacció d'haver-li obert les portes de Catalunya. Era un gran artista però deslleial, gelós i mentider, és a dir una mala persona.

El tram final de la gira va ser molt desagradable ja que el vam enxampar en reiterades falsedats, i tot per no complir una clàusula del contracte que teníem signat. Aquesta especificava que havia d'abonar una comissió per les cinc actuacions que tenia ja firmades quan es va comprometre amb la nostra empresa. Misteriosament aquestes gales es van començar a cancel·lar i vam sospitar que ens estava enganyant.

Quan es va veure descobert, la seva actitud va fer un gir de 360º, va començar a insultar-nos, ho feia mitjançant els diàlegs del seus ninots. Un d'ells, Rockefeller deia: "Menudos hijos de puta hay entre bastidores", tot de forma molt subliminal i intel·ligent. Llàstima que no utilitzés aquesta intel·ligència per a objectius més lloables!

A la fi, no es parlava amb ningú, el meu contacte amb ell era a través del seu ajudant. Em queda el consol que, a empentes i rodolons, vam poder finalitzar la gira i complir amb tots els compromisos. Mai més no el vaig tornar a contractar, tot i que me'l demanaven sovint.

En canvi treballar amb la Lita era un plaer, com artista una professional de cap a peus que no generava cap problema i que sabies que allà on la portessis tindries l'èxit assegurat.

A nivell personal era d'un tracte cordial i afable, amb el temps vam crear un vincle d'amistat que encara continua avui. A mi em deia "maestro" perquè li vaig ensenyar diferents recursos per presentar un espectacle.

El seu marit, Rafael García, a qui li deien *El Maño*, era paio i també artista, cantava a l'estil de Raphael. Quan *La Maña* va deixar El Molino ell es va retirar dels escenaris.

El Rafael era un home passional, vivia els *bolos* com ningú, la seva constant era intentar millorar el *show* de la Lita, no es perdia ni un detall quan ella era a l'escenari. *Maño* fins a la medul·la, de vegades molt tossut, però noble i molt bona persona. Sempre ens vam entendre.

En la negociació del primer contracte, les seves pretensions econòmiques estaven per sobre del que jo creia que la Lita podia percebre. Els vaig raonar la meva visió, jo creia que una artista que com ella s'havia passat la vida en un teatre a Barcelona, ara, ens calia esperar la resposta del públic quant a acceptació i poder de convocatòria en actuar fora del seu hàbitat ja que esdevenia una incògnita . Li vaig dir a la Lita: "Primero tienes que sembrar, al finalizar la temporada haremos una valoración y obraremos en consecuencia"".

I així va ser, si no recordo malament, primer vam acordar un determinat sou per a l'espectacle i després un catxet de gairebé el doble quan actués com a solista amb un mínim de 40 actuacions garantides, les quals es van superar amb escreix.

La valoració va millorar totes les expectatives i, any rere any, els èxits se succeïen i la seva cotització i popularitat anava en augment. A part dels *bolos*, van arribar projectes de cinema, televisió i teatre de text. El Molino era ja una etapa passada.

Quedarà per a la història, el gran homenatge que l'empresa Actividades Teatrales, S.A. (Caballé- Ardèvol), li va retre quan va plegar de El Molino. Va ser el 15 de març del 1983.

Tots els Teatres del Paral·lel i Sales de Festes s'hi van afegir aportant els seus millors artistes, ningú no volia perdre's el comiat, després d'onze anys ininterromputs d'actuacions de la reina del Paral·lel, Lita Claver, *La Maña.*

Encapçalats per Sara Montiel, van actuar: Dolly Van Doll, Mimi Pom Pom, Peret, Quico Pi de la Serra, Maruja Garrido, Germans Calatrava, Conchita Marcos, La Niña de Vallecas, Ana Lúpez, Goyito, Mª Matilde Almendros, Gardenia Pulido, Joaquín Gasa, Lilian de Celis, Madame Arthur i algun altre que ara no recordo i prego que em disculpi.

En la llotja, al costat de Dª Vicenta Fernández s'hi trobava Maria Yáñez, *La Bella Dorita* que volia ser present en aquest esdeveniment únic.

Va ser una nit de fortes emocions per la Lita, acompanyada pel seu fidel marit Rafael i la seva filla Natàlia.

Però tornem a les gires. L'adaptació i consolidació de la Lita als nous formats d'actuació va ser espectacular, no hi havia públic que se li resistís. Cada temporada va seguir treballant a un nivell artístic, que tocava l'excel·lència del seu gènere, consolidant al mateix temps, el seu poder de convocatòria com a cap de cartell.

Vull destacar que, a part del primer contracte, mai no en vam signar cap altre. Una encaixada de mans entre en Rafael i jo era suficient perquè ambdós assolíssim el compromís que havíem pactat per a aquella temporada.

A nivell personal el vincle d'amistat amb la Lita es va fer més gran i intens, parlàvem de temes íntims que difícilment confiaria a una persona que no fos amiga.

Em renyava quan em veia amb alguna companyia que ella considerava no apropiada, en realitat m'advertia sempre amb un to sorneguer i uns comentaris que em feien riure molt, tot i que, en aquest sentit, la cultura gitana és molt estricta i no es toleren les infidelitats conjugals. Les seves reflexions sempre les vaig tenir molt en compte i em van ajudar a contenir les emocions.

Al 1990, amb motiu de l'adquisició de la majoria d'accions de El Molino, vaig deixar ERA Produccions en mans del meu fill Ricard qui es va fer càrrec del management de la Lita. A partir de llavors ja no coincidíem tant però sempre vam mantenir el contacte i l'afinitat.

Sens dubte, *La Maña* va ser un repte professional que va complir les expectatives i els objectius que ens havíem fixat, crec que per ambdues parts. Això no hagués estat possible sense la seva confiança i complicitat.

Sempre li estaré agraït, "Gracias Lita, gracias amiga".

Capítol 15
PERET

L'artista neix o es fa? Aquest és el dilema, perquè Pere Pubill Calaf, conegut artísticament com a Peret, va triomfar prematurament als 12 anys formant duet amb una cosina seva amb el nom d'Hermanos Montenegro, al Teatre Tívoli de Barcelona, en un festival presidit per Dª Eva Duarte, esposa de Perón, aleshores president de l'Argentina.

Una de les seves primeres gravacions va ser *Lola,* per la qual va percebre uns honoraris de 3.000 pessetes.

Li va seguir *La Nit del Hawaiano*, tema amb el qual va augmentar la seva popularitat i aconseguí el respecte de la professió.

Aleshores se'l comença a considerar com el *Rei de la Rumba Catalana*

La nostra col·laboració s'inicia el 1974, any en què ell representa Espanya en el Festival de Eurovisión amb la cançó *Canta y sé Feliz.* Aquell estiu comença a formar part de la nostra companyia amb el *show Peret y sus Gitanos,* passant a ser aclamat a totes les Festes Majors de Catalunya en què actua.

El seu repertori amb cançons com: *El Gitano Antón, Don Toribio Carambola, Saboreando, ¡Lo Mato!, Si fulano fuese mengano, Chaví, A mi las mujeres ni fu ni fa, Qué cosas tiene el amor,* l'esmentada *Canta y sé Feliz i Borriquito*; tema amb el qual va arrasar a Espanya i que va arribar al número 1 a molts països d'Europa i també de l'Amèrica del Sud.

Peret tenia una gran personalitat sobre l'escenari i amb els seus famosos *palmeros,* posava cap per avall els envelats i pavellons d'esports, fent palesa la força de la Rumba Catalana i la seva manera d'interpretar-la.

En una ocasió, teníem un *bolo* en una població de la província de Lleida i em va trucar per dir-me que tenia una afecció a les cordes vocals i que, per tant, no podria actuar.

Ràpidament comunico la situació a l'Ajuntament oferint-los una substitució. Per sorpresa meva em diuen que no s'ho creuen i que segur que Peret està cantant en un altre lloc on li paguen més diners. Quedo astorat per la reacció, que considero una falta de respecte cap l'Artista i cap a la meva persona.

A continuació, informo en Peret de la conversa amb els edils. Indignat per aquella resposta, perquè havien dubtat de la seva paraula, es va presentar en persona a l'envelat.

Anava embolicat amb una mena de bufanda en ple mes de setembre, aportant el certificat mèdic per tal que els "savis" de l'organització comprovessin *in situ* que la malaltia de l'Artista que havien contractat era certa.

Els va posar en evidència i van fer el ridícul davant de tothom ja que vaig fer pujar Peret a l'escenari per justificar-se amb el públic.

Vaig sortir a acomiadar-me d'ell, ja que tot seguit tornava cap a Barcelona, li vaig donar les gràcies i em va respondre: "Només per veure la cara d'imbècil que els ha quedat als que dubtaven de nosaltres, ha valgut la pena venir fins aquí."

Aquesta anècdota em va deixar impressionat, posava en valor la professionalitat d'un gran Artista com Peret.

Vam continuar actuant a les Festes Majors fins que l'any 1982, vuit anys més tard, decideix retirar-se de la professió artística i dedicar la seva vida a l'Església Evangèlica de Filadèlfia. Vam estar parlant sobre aquesta nova etapa que estava a punt d'encetar. El vaig trobar tan convençut de les seves creences que només em va quedar desitjar-li molta sort.

No va deixar de cantar per la tasca pastoral que portava a terme, tot i que, evidentment, interpretava cançons religioses. Ens vam tornar a retrobar quan jo participava com a jurat al concurs de TVE, *Passarel·la a l'Èxit,* espai dirigit pel bon amic Julio Herrero i amb el mestre Jaume Mestres com a president del jurat.

Peret era l'artista convidat, naturalment fora de concurs i em va sorprendre molt sentir-lo cantar en aquell estil musical tan allunyat de la Rumba Catalana. Igualment, vaig tenir molta alegria de poder-hi xerrar una estona.

Passant els anys, el mes de març del 1991, em trobo organitzant el gran homenatge a *La Bella Dorita* a El Molino amb motiu del 90è aniversari de l'Artista.

En aquest període de quasi 10 anys, no havíem tingut gaire contacte però aleshores ja circulaven rumors sobre el retorn de Peret al món de l'espectacle.

No m'ho vaig pensar dues vegades i el vaig trucar per convidar-lo a participar en el Festival d'homenatge a *La Bella Dorita.* Li vaig dir: "Si vols tornar aquest pot ser el gran moment de retrobament amb el teu públic". La resposta va ser afirmativa i la seva reaparició va causar gran expectació. I va triomfar. Peret havia tornat!

Per fi, l'any 1988, la Generalitat de Catalunya li concedeix la Creu de Sant Jordi, la qual cosa el va fer molt feliç.

Vam tornar a coincidir en l'homenatge al cantant, músic i compositor mallorquí, Bonet de San Pedro, que es va celebrar a l'Auditori de Palma de Mallorca el mes de desembre del 1998, del qual jo n'era era un dels presentadors.

Precisament l'any 1992, actuà en la cerimònia de clausura dels Jocs Olímpics de Barcelona, amb Els Manolos i altres artistes.

Van interpretar la cançó *Gitana Hechicera (Barcelona tiene poder)* i aconseguiren, a més de posar Barcelona al centre del món, el reconeixement universal de la Rumba Catalana.

El juliol del 2014, anuncia públicament que té un càncer de pulmó i es retira per sotmetre's al tractament. Vaig poder parlar amb ell i el vaig trobar fort i amb la convicció que el superaria. Malauradament no va ser així i el 27 d'agost del 2014, morí a l'Hospital Quirón de Barcelona.

L'Ajuntament de la Ciutat Comtal, amb molt bon criteri, va muntar la capella ardent per exposar el seu fèretre al Saló de Cent perquè tots els catalans el poguessin homenatjar.

Hi vaig ser present, junt amb el meu fill, per acomiadar-me del genial Artista que ens deixava un llegat artístic de valor incalculable com a creador de la Rumba Catalana i per sobre de tot, d'un bon amic. La seva petja serà sempre present fins el final dels meus dies.

Pere, Peret, la teva música et farà etern.

Capítol 16
MERCHE MAR

Hi ha esportistes que desenvolupen la seva carrera en un únic club, preservant els seus valors i mantenint-se fidels als seus colors de forma incondicional. No és el més habitual però hi ha exemples que ho avalen.

Traslladant el símil al món de l'espectacle, Mercedes Marqués Pons, coneguda artísticament com Merche Mar, ha consagrat, bàsicament, la seva vida artística a El Molino, l'emblemàtic *Music-Hall* de Barcelona, on va començar a treballar quan tenia 13 anys i fins l'any del seu tancament.

Vaig conèixer la Merche alguns mesos després de la meva tornada de Sud-amèrica, al 1965. Merche Mar començava a ser coneguda com acordionista i cantant. Me l'havien recomanat i vaig contractar-la per actuar en un *bolo.*

Aparegué acompanyada del seu pare que, aleshores, era el seu representant. Un pare que es desfeia en elogis cap a la seva filla, com és lògic, i que em recordava altres pares d'artistes com el de Salomé, el de Gelu, o la mare de Lita Torelló, de Luisita Tenor, o de Marifé de Triana, entre d'altres. S'havia de ser molt curós en el tracte i, sobretot, amb els comentaris ja que sovint s'interpretaven de forma errònia. L'amor de pare o de mare, de vegades no els deixava veure la realitat.

Quan al 1981 vaig comprar El Molino, fent societat amb l'Emilio Caballé, Merche Mar era una de les artistes més importants de la companyia. Allí va ser on jo vaig descobrir la seva veritable dimensió artística. Una artista de cap a peus, molt treballadora i plena de idees per aportar a l'espectacle.

Amb la Merche sempre hi va haver un diàleg fluid i sincer que va anar consolidant la nostra amistat. Comptar amb una artista tan dúctil i que ho posava tot fàcil era un privilegi que només s'explicava pel seu gran amor a l'art i el treball.

Recordo números de gran èxit com l'havanera *El meu Avi,* on apareixia tocant l'acordió, un quadre estrictament musical que quallava en el públic per la seva senzillesa, posada en escena i emotivitat.

Participava també en alguns esquetxs còmics amb l'Escamillo, tal i com havia succeït en una etapa anterior amb el popular Johnson.

La seva creativitat, la va portar a muntar un número de màgia còmica amb la participació del públic. Normalment triava xinesos o japonesos -sempre n'hi havia algun a la sala- perquè donaven molt de joc. L'audiència s'ho passava d'allò més bé, gaudint amb els seus comentaris i acudits, la cara dels turistes era un poema.

Només en una ocasió va experimentar un empipament considerable. S'estava muntant la nova revista i va venir a trobar-me molt indignada perquè el text de l'esquetx que li havia escrit el mestre Juan de la Prada, era una "guarrada" i no estava disposada a interpretar-lo. Tal era el seu enuig que amenaçava amb abandonar El Molino.

Va deixar-me el guió sobre la taula del despatx a l'espera que intercedís a favor de suavitzar-lo una mica. Me'l vaig llegir i, certament, era una mica massa pujat de to, això sí, molt efectiu.

Convoco el mestre Prada i li exposo el cas, sol·licitant-li que modifiqui el text. "¡Ah no!" va exclamar molt irritat i muntant una escena. S'hi va negar en rodó, esgrimint que l'esquetx era 100% Molino i que, a la Merche Mar, la teníem molt consentida. Tot això sense deixar de cridar com un boig. Van ser inútils tots els meus arguments per a convèncer-lo. Va marxar etzibant: "O se acepta o me voy! Buscaros otro maestro!".

Cal esmentar que, aquesta era una reacció habitual en el mestre Prada sempre que se li suggeria canviar o modificar alguns dels textos o músiques que havia preparat per al nou espectacle. Ho vivia amb tanta intensitat!!

Coneixedor per experiència que la sang no arribaria al riu, el vaig deixar marxar sense replicar. A la tarda del dia següent, va aparèixer amb el guió modificat i el millor dels somriures. Aleshores, tots contents. Vaig respirar tranquil.

El dia de l'estrena l'esquetx va ser un èxit i es repartiren floretes entre l'Artista i l'autor com si res no hagués passat.

Hi ha una dita que ho defineix molt bé, "En Teatro nunca pasa nada"

Malauradament, i molt a contracor, la meva etapa a El Molino va finalitzar l'any 1994, quan el meu fill i jo vàrem vendre la nostra part de la societat. En conseqüència el contacte amb la Merche va passar de diari a esporàdic, tot i així, solíem parlar sovint.

Ella va continuar formant part de l'elenc artístic fins al 1997 en què El Molino va tancar definitivament.

El Molino, afortunadament, es va tornar a obrir l'any 2010 per l'empresa Ocio Puro. Merche Mar, convertida en una icona del *music-hall,* va ser l'única artista de l'anterior etapa que va participar en el nou espectacle.

A la Merche, sempre li tindré una gran estima pel seu suport, la seva sinceritat i, sobretot, per l'amistat incondicional.

Ets molt gran Merche!!

Capítol 17
CARMEN DE LIRIO

L'esser humà, si és sensible a alguna cosa, de forma intrínseca, és a la bellesa. La seva contemplació, pot influir positivament en l'estat d'ànim d'una persona causant-li una sensació de benestar emocional.

Més o menys, aquesta va ser la meva primera reacció quan vaig conèixer Carmen de Lirio, una dona d'una presència impressionant amb uns ulls verds preciosos que et traspassaven l'ànima.

Corria l'any 1950, la Carmen, estava fent temporada en el Teatro Cómico de Barcelona amb la Revista *Te espero en el Cómico.* Ràdio Barcelona realitzà la retransmissió de la Revista i jo formava part de l'equip de l'emissora. L'empresari del teatre D. Joaquín Gasa, va ser qui me la va presentar.

Carmen de Lirio, era una de las vedets més enlluernadores del *music-hall* i del Paral·lel barcelonès.

Els principis de Carmen Forns Aznar, el seu nom vertader, no van ser pas fàcils. Va néixer a Saragossa el 31 d'octubre del 1926, quan ella tenia 13 anys va traslladar-se a Barcelona amb la seva família buscant una vida millor. També perquè els avis paterns, els Forns Parramon, eren catalans, de Santa Coloma de Farners i els seus pares s'havien enamorat de la Ciutat Comtal.

Va començar actuant en diferents centres i locals de barri. També fent de model per a pintors i escultors en el Círculo Artístico Plaza Cataluña.

Era una noia molt activa. Es va presentar a Radio España de Barcelona, E.A.J.15, a un concurs d'imitacions en directe, amb públic a l'estudi, que patrocinava la firma JUMAR, fajas y sostenes, amb el títol de "*El Otro Yo*". Va imitar Concha Piquer cantant una de les seves cançons, *La Lirio*, i ... va guanyar!!!

La Carmen tenia "àngel" i aquest espai radiofònic fou la seva pista d'enlairament cap a la popularitat. A partir d'aleshores va adoptar el nom artístic de Carmen de Lirio, per la sort que li havia donat la cançó i per homenatjar la seva admirada Concha Piquer. Perdó, Dª Concha! Amb la mala llet que tenia!

Ben aviat, va captar l'atenció de l'esmentat empresari teatral, Joaquin Gasa, qui la va contractar per a les seves Revistes. Va començar a treballar al costat de Mary Santpere, Antonio Amaya i de l'actor còmic Alady en el Teatro Cómico. Van repetir diverses temporades amb molt d'èxit fins que, per problemes estructurals de l'edifici, Joaquín Gasa va decidir traslladar-se al Teatro Victoria del Paral·lel.

Sobre el Teatro Cómico, existeix la llegenda urbana que, totes les nits en finalitzar la funció, s'hi trobava aparcat el cotxe oficial del Gobernador de Barcelona, Eduardo Baeza Alegría, a qui se li atribuïa un idil·li amb la jove vedet Carmen de Lirio.

Aquest afer, que era de domini públic, sempre va ser rotundament desmentit per Carmen de Lirio. De fet, en el seu llibre de memòries, *"Carmen de Lirio, memorias de la mítica vedette que burló la censura"*, publicat l'any 2008, es reitera en la negació d'aquest enamorament.

En el període que va dels anys 60 fins a finals dels 70's, la Revista i el cinema, li van exigir una gran dedicació. Anàvem parlant esporàdicament quan coincidíem en algun esdeveniment. En aquests breus contactes es feia palesa l'empatia que hi havia entre nosaltres.

La veritable relació que va consolidar la nostra amistat, va ser a partir del 1980 quan, des de la nostra agència, Producciones ERA, li vam organitzar una gira d'actuacions per teatres i societats culturals. Actuava acompanyada pel mestre pianista Carlos Laporta.

Malgrat que ja rondava els 60 anys mantenia la seva bellesa i, sobretot, la llum dels seus ulls, que a penes s'havien alterat amb el pas del temps. Aquest era un incentiu per anar a veure la *Lirio* i escoltar-la interpretant el seu gran èxit, *La noche de bodas.* Aquests concerts a piano i veu, van ser de gran lluïment personal i un reeiximent de la seva carrera.

Com a fill adoptiu de Reus, jo hi continuava mantenint el vincle tant a nivell familiar, com professional. En conseqüència, vaig rebre l'encàrrec d'organitzar un gran homenatge al Sr. Josep Vila Cardona, ja traspassat, de part dels seus fills. El Sr. Vila Cardona, era una de les persones més influents de la societat reusenca i empresari del Teatre Fortuny.

Es tractava de reunir en un gran espectacle, a realitzar en el mateix Teatre Fortuny, alguns dels artistes que hi havien actuat durant els nombrosos anys que el Senyor Vila Cardona n'havia estat l'empresari. No era un projecte senzill si tenim en compte que, no hi havia pressupost per a pagar els artistes, només s'abonarien les despeses de viatge i hotel.

La feina era laboriosa ja que els més grans artistes havien actuat en el Teatre Fortuny. Companyies teatrals com la de Rafael Rivelles, Ricardo Calvo, Maria Asquerino, Matilde Muñoz Sampedro, Enrique Guitart, Alejandro Ulloa i Enrique Borràs, entre d'altres. La Sarsuela també estava representada per les millors veus, Marcos Redondo, Emili Vendrell, Gloria Alcaraz i Joan Gual, entre d'altres. I com no, la Revista de l'empresari del Teatro Cómico, Joaquín Gasa, amb Mary Santpere, Antonio Amaya, Alady i la vedet més desitjada, Carmen de Lirio.

Vaig aconseguir convocar, que jo recordi, Maria Matilde Almendros, Alejandro Ulloa, Carmen Morell, Rafael Anglada, Josep Solans, la companyia de Sarsuela Joan Gual i la meva admirada Carmen de Lirio, que, des del primer moment, es va mostrar disposada a col·laborar. Com a director i presentador exercia un servidor.

Va ser un gran esdeveniment, el qual em sento orgullós d'haver organitzat, i que va finalitzar amb un sopar al Círculo Artístico, anomenat el *Círcol dels Senyors*, amb la presència dels fills i familiars del Sr. Vila Cardona i tots els artistes.

La Carmen era molt entranyable en el tracte, quasi mai m'anomenava pel meu nom, sempre em deia "Hermano o Rey". "¿Cómo estás hermano?" "¡Hola Rey!". A mi aquesta confiança m'afalagava. Tot sovint em visitava al despatx, no per temes de feina, sinó per xerrar de forma distesa de temes personals. Em va arribar a fer moltes confidències que, lògicament, no han sortit mai de l'àmbit de la privadesa. Jo l'escoltava embadalit, es pot dir que érem íntims amics.

Un dia, es presenta al despatx, sense avisar, lleugerament excitada i amb ganes de parlar. Tan bon punt ens quedem sols i quasi sense recuperar l'alè, m'etziba: "Ricardo, hermano, acabo de romper con el amor de mi vida. Te quiero mucho pero no te diré su nombre, lo que sí te prometo és que jamás tendré otro amor. Definitivamente he terminado con los hombres". I a fe que ho va complir, mai més va mantenir una relació amorosa.

El Cor de l'Art, associació cultural que vaig tenir l'honor de presidir, va comptar en nombroses ocasions amb la col·laboració de la Carmen. La Casa del Mar, era l'espai que acollia les seves activitats artístiques. Vull agrair la mediació fonamental de l'amic Antoni Miquel, en Leslie de Els Sirex, perquè poguéssim disposar del magnífic auditori.

En aquest local, i amb motiu de l'homenatge al desaparegut mestre Juan de la Prada, la *Lirio* va fer una de les actuacions més atrevides, rememorant esdeveniments del passat, cantant i ballant amb un desmesurat desenfrenament que potser no s'esqueia. Realment ens va sorprendre a tots els presents, sobretot a mi!! En finalitzar es van creuar les nostres mirades, la meva d'incredulitat i la seva com de reivindicació. Mai no ho vam comentar.

Com amics que érem, sempre la vaig aconsellar i acompanyar en projectes que ella emprenia pel seu compte, com els espectacles que va presentar al Versus Teatre, els anys 96 i 97. Uns recitals per a piano i veu amb el pianista Carlos Laporta i un espectacle amb l'humorista Santi Sans. Si no m'erro, va ser el darrer cop que va trepitjar un escenari.

Un dels fets que més la va entristir va ser la mort del seu germà Mariano, un destacat cantant de jotes. La Carmen plorava amb gran desconsol i va ser una situació difícil d'afrontar per a ella. Per la meva part, li vaig fer costat des del primer moment, donant-li el suport anímic que un amic pot oferir.

Carmen de Lirio, tenia també el desig de publicar les seves memòries i, mitjançant la meva gestió amb la Sra. Elvira Vázquez de l'empresa Ocio Puro, la nova propietària de El Molino, aquest afany es va veure complert.

Però, anem a pams. La Sra. Vázquez, un cop es va fer amb les regnes de El Molino, va voler comptar amb mi perquè fos el seu assessor i enllaç amb l'època gloriosa del famós *Music-Hall.* Una de les primeres tasques que em va encarregar, va ser reunir tots els artistes que hi havien actuat, per donar suport a la presentació del projecte del nou Molino, just abans de començar les obres.

No va ser una feina fàcil ja que havien passat 13 anys des del seu tancament. Hi van assistir més de 40 persones, entre artistes, ballarines, ballarins i algun cambrer. Carmen de Lirio no havia treballat mai a El Molino però vaig proposar a la Sra. Vázquez de convidar-la pel que havia significat la seva figura i personalitat pel Paral·lel i el món de l'espectacle. Em va respondre que no la coneixia però que, si jo ho creia convenient, endavant. I així va ser.

El dia 18 de març del 2007, tercer dia de portes obertes per donar a conèixer el projecte de El Molino, les vaig presentar. De seguida vaig constatar que aquella mirada d'ulls verds de la Carmen va impressionar l'Elvira Vázquez.

Passades unes setmanes, la Carmen em va trucar per informar-me que la Sra. Vázquez l'havia convidat al teatre, a sopar i, la bona notícia... es faria càrrec de publicar les seves memòries!!!

Vaig assistir a la reunió amb l'empresa Editora, ACV Ediciones, Afers de Comunicació Audiovisual, S.A. que publicarien el llibre amb la col·laboració d'Ocio Puro - El Molino. La Carmen estava molt feliç ja que era el seu anhel explicar i esvair, en primera persona, totes aquelles xafarderies entorn a la seva vida artística i amorosa.

Un cop acabada la reunió, l'Elvira Vázquez em va dir, "las siguientes memorias seran las tuyas". Mai no va passar.

El llibre de memòries de la Carmen, es va presentar a Barcelona en diferents establiments com, El Corte Inglés de Portal de l'Àngel, La Casa del Llibre i la Sala Apolo del Paral·lel, amb gran assistència de públic i mitjans de comunicació. A la Carmen se la veia molt feliç i això era el més important per a mi.

Curiosament tinc un exemplar del llibre, que ella em va regalar, sense dedicar, ja que a les presentacions, amb l'enrenou dels lectors àvids de la seva signatura, era impossible trobar la tranquil·litat per escriure-hi el text que ella em volia adreçar. Em va prometre que un dia ens reuniríem i me l'escriuria però va anar passant el temps i de forma incomprensible, no em digueu per què, el llibre continua sense la dedicatòria.

Ens telefonàvem sovint per saber l'un de l'altre i, en alguna ocasió, ens vam trobar però cada cop de forma més esporàdica. El cert és que els dos érem nascuts al 1926 i, a la nostra edat, deixar les rutines era complicat.

El llibre de les nostres vides l'anem escrivint nosaltres mateixos fins que un dia arriba al punt i final. El 4 d'agost del 2014, als 87 anys, la Carmen va posar fi a una vida plena en la qual vaig tenir el goig de participar i compartir amb ella vivències inoblidables.

Gràcies Carmen per la teva amistat, jo continuaré escrivint el meu llibre fins que Déu vulgui.

Companyia "La Maña" i Fedra Lorente "La Bombi".

Els artistes gaudint d'un refrigeri després del show.

La Maña, Revista El Molino.

Reunió d'estrelles, d'esquerra a dreta, J. Boluda, Peret, Núria Feliu, Eugenio, Serrat, Raúl del Castillo i Rudy Ventura.

Merche Mar i Ricardo. El Molino a Montjuïc, Festes de la Mercè 1989.

Presentant a Carmen de Lirio.

Capítol 18
EL MOLINO

Una Data Històrica

El dimecres 4 d'octubre del 1989, fou una data cabdal per a la història de El Molino. Es va signar el conveni de col·laboració amb l'Ajuntament de Barcelona i la firma Freixenet per portar a terme les obres de restauració i remodelació de la façana i la pintada de totes les parets exteriors de l'edifici. Incloïa la posada en marxa de les Aspes, les quals havien deixat de girar durant la Guerra civil espanyola 1936-1939.

Les obres tenien un pressupost de 15 milions de pessetes. L'inici de les mateixes era imminent, en una setmana. La data de finalització, mitjans de desembre del mateix any.

Per a l'acte protocol·lari de la signatura d'aquest fet històric, es va condicionar l'escenari de El Molino amb unes sòbries cortines i situant una taula al centre de l'escenari.

Presidia el Regidor – Delegat de la campanya "Millora el Paisatge Urbà"- Josep Mª Serra Martí, al seu costat, el director general de Freixenet, S.A., Josep Lluís Bonet Ferrer i jo mateix en qualitat de director i en representació de la nostra societat, Nou Paral·lel, S.A. També hi era present la regidora de Sants-Montjuic, Mercè Sala.

A la platea, s'hi van acomodar els nombrosos mitjans de comunicació, els quals es van fer ressò de tot el que allà es va comentar i de l'acte en general.

No hi van faltar artistes com: *La Bella Dorita*, Mary Santpere, Joan Capri, Lita Claver, *la Maña* i Merche Mar entre els més destacats.

Les firmes col·laboradores que eren, a més de Freixenet, Coca-Cola, Cutty Sark, Gin Giró i una cervesera que ara no recordo, van estar representades pels seus directius.

Va ser un acte brillant. Després de moltes gestions i de "picar pedra", per fi El Molino havia recuperat la seva imatge original. Un dia memorable que sempre recordaré.

Inauguració i ... venda?

El 18 de desembre del 1989 es va inaugurar, amb tots els honors i rebombori possible, la nova façana de El Molino, les Aspes tornaven a girar.

Nou dies després, apareix penjat de la façana un gran cartell amb l'anunci:

EN VENDA – TEL: 93-200.36.22

Immediatament té un gran efecte mediàtic. Les emissores de ràdio, els diaris i les televisions no paraven de trucar a El Molino i a les oficines de Producciones ERA per parlar amb mi o amb alguna persona que pogués donar alguna explicació.

La resposta sempre era la mateixa: "El Sr. Ardèvol està de viatge i ningú més que ell pot respondre les seves preguntes, nosaltres no en sabem res".

I era del tot cert, ningú no sabia de l'origen del cartell ni quan, ni com, s'havia penjat. Només el director de la sala, el Sr. Tito Caballé, i jo mateix érem els únics coneixedors d'aquell assumpte.

La realitat era que, molt entrada la matinada, en la solitud del Paral·lel, entre ell i jo vam col·locar el cartell, buscant una repercussió entre els mitjans de comunicació, com a continuació de l'acte d'inauguració de la nova façana amb les Aspes girant de nou.

Va ser una innocentada avançada i així es va explicar, ja que el cartell va aparèixer el dia 27 de desembre. L'objectiu que preteníem s'havia aconseguit, El Molino estava en boca de tothom, la campanya de Nadal va ser un èxit.

La meva amiga Merche Mar, en el seu llibre "Historias de una *Vedette*", comenta que, en realitat, el que cercàvem era un comprador pel teatre perquè El Molino anava malament.

Res més lluny de la realitat, com ja he explicat en un paràgraf anterior, va ser una estratègia publicitària que ens va sortir bé, ni més ni menys.

El Molino i la seva Orquestra Invisible.

L'espectacle és a punt de començar, s'apaguen els llums de la sala, s'encenen els focus i comença a sonar la sintonia de l'orquestra. Aquesta, ubicada en el fossat, resulta invisible per a un gran sector del públic, només des de l'amfiteatre se'n pot veure una part.

L'orquestra és el cor que fa bategar l'espectacle de El Molino, li atorga ànima i personalitat. Els seus músics són bons professionals que havien treballat, en diferents grups, per a les Festes Majors de Catalunya.

El màxim responsable de la part musical va ser sempre el Mestre Juan de la Prada, compositor de les partitures i autor també dels esquetxs de les Revistes. Els arranjaments anaven a càrrec del mestre pianista Andrés Alabart. Formava també part del grup un altre pianista, el mestre Enrique Vidal.

Altres músics que recordo són: José Giménez, Angel Usón, Domingo Portugués, Juan Asensio i Ramon Martínez.

Cal dir que sempre hi havia unes rotacions entre els músics, a causa de la festa setmanal, vacances i hores extres.

En el 1981, quan ens vam fer càrrec del teatre, ens vam trobar amb un curiós costum. Consistia en què, en finalitzar la funció de nit, un reduït grup de músics, es traslladaven al *foyer* del primer pis, on hi havia un piano vertical, per amenitzar la matinada a certs noctàmbuls que prenien les últimes copes en companyia d'algunes artistes i noies del ballet.

Aquest *modus operandi*, reminiscència de l'anterior empresa, no ens va agradar i vam decidir suspendre les matinades. Tothom content.

Incendi en El Molino

Uns anys abans, el 28 de maig del 1983, sobre les 21:30, tot just feia una hora que havia finalitzat la funció de la tarda, es va sentir el fatídic crit:

- ¡FOC!, ¡FOC!

S'havia declarat un incendi en els camerinos del soterrani, just sota de l'escenari, al costat del fossat de l'orquestra. En aquests camerinos, ocupats pels ballarins i les ballarines, s'hi trobava tot el vestuari de l'espectacle.

Afortunadament, una de les noies que es va endarrerir, va poder donar la veu d'alarma que es va propagar com un tro per tot el teatre. Jo recordo que era al despatx i vaig sortir com un llamp, al igual que els cambrers, Srs. Murga i Joan Ribas, els quals van començar a utilitzar els extintors mentre la infatigable Luisa Alella (epd) trucava als bombers.

Tots els que ens trobàvem al teatre, com una pinya, ens vam posar a traslladar el vestuari i altres estris cap a la zona del bar ja que ens temíem el pitjor.

Al davant de la porta principal, s'hi va acumular moltíssima gent, els curiosos i les persones que feien cua per a la funció de la nit.

Els bombers van tancar el carrer Rosal i l'Avinguda del Paral·lel, van fer una feina impecable i van reconèixer que la ràpida intervenció amb els extintors va ser cabdal perquè el foc no progressés. El Molino tornava a ser actualitat.

Lluny de pensar a suspendre la funció, tothom tenia clar que s'havia de tirar endavant. El modista Fernando Albalat, va ser una peça fonamental ja que va improvisar un vestuari amb peces d'anteriors espectacles i d'altres que sempre tenia en previsió de possibles mancances.

La funció era a punt d'iniciar-se amb una hora de retard, vaig considerar oportú sortir abans a l'escenari per demanar disculpes i agrair la comprensió dels espectadors. Una tancada ovació va ser la resposta d'un públic que valorava, per sobre de tot, que s'oferís la funció en aquelles circumstàncies.

En acabar vaig agrair a tot el personal de El Molino la seva decisiva implicació.

L'informe dels bombers va determinar que una burilla mal apagada va ser la causa de l'incendi, malgrat que estava prohibit fumar als camerinos i s'insistia contínuament en què s'havia d'evitar. La irresponsabilitat d'algun membre de la companyia va estar a punt d'originar una tragèdia sense precedents.

Aquella dècada dels 80, va ser una de les més felices de la meva vida. Havia fet realitat el meu somni, tenir un teatre al Paral·lel. Tot funcionava meravellosament i El Molino s'omplia a diari, què més podia demanar?

El Molino i el seu Escenari Miraculós.

L'Artista que ha tingut la sort de trepitjar l'escenari de El Molino, ha estat un elegit del destí, un esser privilegiat que formarà part de la història d'aquest mític *Music-Hall.*

En aquell escenari de mesures tan reduïdes, en cada funció succeïa un petit miracle, la proximitat del públic generava una sinergia amb els artistes que no es produïa en cap altre local. Tot era tan autèntic!!

Recomano la lectura dels llibres publicats per dos grans periodistes, que vaig tenir l'honor de conèixer com van ser, Sebastià Gasch i Àngel Zúñiga. No oblidant-me del llibre escrit pel meu amic Miquel Badenas, un gran lluitador en favor del Paral·lel, amb delicioses històries molt ben explicades. Tots ells, destaquen les grans figures del Paral·lel, començaré per María Yañez, *La Bella Dorita*

La Dorita, me la va presentar Dª Vicenta Fernández, l'antiga propietària de El Molino. Ben aviat vam congeniar. Sempre he tingut un gran respecte pels artistes que han estat un referent i han marcat una època, i suposo que això, per a ella, era evident. En ocasions tenia el plaer de compartir taula amb les dues, que, sovint, quedaven per dinar i era una delícia escoltar les anècdotes que ambdues explicaven, principalment els relats de *La Dorita* sobre la censura, els pretendents i els regals que rebia.

Quan va morir Dª Vicenta Fernández, ella va quedar òrfena de l'amiga més propera, mentre la seva mobilitat s'anava reduint fins quedar prostrada en una cadira de rodes. Aleshores, els dilluns, festa setmanal de El Molino, acostumava a visitar-la al seu domicili del carrer Hurtado. Sabedor que era molt llaminera, m'hi presentava amb una safata de trufes que comprava a la pastisseria Viladecans de l'Avinguda República Argentina. Tot just saludar-nos, el primer que em preguntava era: "Cómo va El Molino?" i així passàvem la tarda.

Durant la nostra etapa, sempre la vaig convidar a totes les estrenes i actes especials que organitzàvem allà on ella deia que tenia la seva casa, El Molino.

Quan va complir 100 anys, li vaig organitzar un gran homenatge, amb la participació de grans figures de l'espectacle, com Joan Manuel Serrat, Peret, Sara Montiel, Mary Santpere, Carmen de Lirio, Núria Feliu, Alejandro Ulloa i Cayetano Renom entre d'altres.

També van ser-hi presents una representació de la Generalitat de Catalunya i de l'Ajuntament de Barcelona, ja que se li havia atorgat la Medalla de Plata de la Ciutat de Barcelona.

A la Maria, que és com habitualment l'anomenava, la cuidaven tres persones del seu entorn, el seu fillastre, Rafael Albertí, la seva nora, Lucía Canciller i la seva neboda, María Sala Yáñez. Eren ells qui l'acompanyaven en els seves sortides, a les estrenes de El Molino o a les celebracions del seu aniversari al Restaurant La Pineda de Castelldefels, on apareixia sempre lluint algunes joies de la seva col·lecció, regals d'admiradors i pretendents.

Els últims anys de la seva vida, els va passar en una residència en la qual era molt ben atesa. Va morir el 26 de juny del 2001. Al seu funeral hi va ser present l'alcalde del seu poble, Cuevas de Almanzora (Almería), qui va prometre la col·locació d'una placa a la casa on va néixer *La Bella Dorita*. Així mateix, jo vaig adquirir el compromís d'assistir a l'acte, acompanyat per una representació artística de El Molino.

Tot es va complir, el 14 de juny del 2002, convidats per l'Ajuntament de Cuevas de Almanzora, una petita companyia encapçalada per Merche Mar, Diomny, Lidia Moreno i el Ballet i jo mateix, ens hi vam desplaçar. Se'ns havien unit uns quants periodistes, entre ells Josep Sandoval de La Vanguardia.

En una plaça del poble es va fer un acte entranyable, amb la projecció de fragments d'interpretacions de *La Bella Dorita* i l'actuació de la companyia de El Molino, tot presentat per un servidor. Un sentit homenatge a María Yáñez, aquella nena que als 12 anys va deixar el seu poble per convertir-se en *La Bella Dorita*, un mite del *Music-Hall.*

A Johnson, no vaig tenir la sort de coneixe'l personalment tot i que l'havia vist actuar. Aquest llegendari artista, fonamental en la història de El Molino i el *Music – Hall*, va ser durant molts anys la representació de l'autèntic esperit "Molinero" i figura indiscutible del Paral·lel.

Escamillo, va ser un altre artista que va forjar la seva carrera amb lletres d'or. Un artista amb un estil transgressor i un vocabulari propi, que va ser maltractat per la censura a base de multes i prohibicions. En els seus esquetxs feia comentaris en català que no agradaven gens a "la autoridad competente".

Quan l'Escamillo sortia a escena, tot lluint les seves capes, el rostre amb un maquillatge pujat de to, les exagerades pestanyes postisses i els seus insinuants moviments, la rebuda del públic era apoteòsica i ell es deixava estimar. Sempre deia que, tot i haver actuat als Teatros Cómico i Victoria, com El Molino cap, que era un teatre únic.

Escamillo va ser un dels artistes amb qui vaig tenir la fortuna de comptar en diferents espectacles durant la meva etapa a El Molino. Malauradament i, a causa de la diabetis, li van amputar un peu, malgrat tot, continuava actuant. Recordo un número de romans, en què els pretorians el treien a escena estirat en una *chaise longue.*

Li vaig organitzar un gran homenatge en el Teatre Victòria, amb participació de grans figures de l'espectacle, per recaptar fons de cara a assegurar-li el màxim benestar.

Per aquest màgic escenari, han passat vedets com:

Maty Mont, Alicia Tomás, Christa Lem, Inés Medina, Teresita, *La Mojada*, Merche Guevara, América Imperio, Sheila i Masside, Vicky Lussón, Regina Do Santos, Gina Baró, Merche Mar, Melissa, Eva Sorel, Lidia Moreno, Eva León, Susana Egea, Shirley Marsel i Karla Duarte.

Vedets Còmiques: Lita Claver, *La Maña,* Amparo Moreno, Rosita Amores.

Atracció de ball: Pili Brusi & Fredy

Actors còmics com: Pipper, Diomny, Luis Calderón, Ivan Prat i Rodrigo Duran.

Artistes polièdrics com: Antonio Vargas i Pirondello.

Demano mil disculpes si em deixo algú.

Els Jocs Olímpics, una esperança perduda.

La dècada dels noranta, s'inicia amb la Guerra del Golf que, econòmicament, va resultar nefasta per als nostres interessos. Així mateix, la irrupció de les televisions privades va suposar una davallada quant a l'assistència de públic.

Aleshores els Jocs Olímpics de Barcelona '92, es presentaven com l'esperança per a equilibrar els dos anys dolents que havíem patit. Pensant en els visitants olímpics, vam preparar una antologia del *Music-Hall*, que vam titular, *Historias de El Molino*, una acurada selecció dels millors números dels espectacles estrenats els darrers 10 anys.

En un principi, es van rebre nombroses reserves d'Empreses comercials que ens van fer pensar que l'efecte dels Jocs es començava a notar. Però va ser un miratge, el turista, que durant el dia assistia a les diferents proves esportives, a la nit estava baldat i se n'anava a dormir aviat per al dia següent, tornar-hi.

Malauradament, El Molino no figurava com a visita obligada a la Barcelona Olímpica. La Sagrada Família, Montserrat, El Tibidabo i la Costa Brava eren la prioritat en les ajustades agendes dels turistes.

L'eufòria inicial es va convertir en una decepció. L'esperat efecte Jocs no es va produir, no va suposar un increment d'espectadors i vam continuar en una dinàmica decreixent

Els Jocs Olímpics van passar de llarg pel Paral·lel.

"El Último Acto"

Aquest és el títol d'una cançó que interpretava meravellosament la cantant cubana Olga Guillot i de la qual també en feia una gran versió la meva amiga Salomé.

Utilitzo aquesta metàfora perquè la meva resiliència estava arribant al límit a causa de la greu situació econòmica en què es trobava El Molino. Cansat de promeses incomplertes per part de l'administració, el 10 de juny del 1993, anuncio que, de no haver-hi un gir inesperat, el tancament de El Molino serà imminent.

Els mitjans de comunicació de tota Espanya se'n van fer ressò immediatament, vaig concedir moltes entrevistes, però us en faré cinc cèntims de la que va tenir més repercussió. Va ser al programa "El "Matí" de Catalunya Ràdio. El seu director, l'amic Josep Cuní, em va telefonar per privat per proposar-me entrar en directe amb l'alcalde Pasqual Maragall, que aquell dia era el convidat estrella del programa.

No ho vaig dubtar ni un instant, la conversa va anar així:

Pasqual Maragall: Hola Ardèvol! Què li passa a vostè? Per què vol tancar?

Ricardo Ardèvol: Bon dia Alcalde, doncs perquè vostè ha incomplert tot el que em va prometre durant la campanya, "Barcelona, Posa't guapa". Ho recorda oi? Allà al Palauet Albèniz?

P.M. Avui s'ha llevat vostè molt enfadat. No pateixi que l'ajudarem però vagi també a veure al President Pujol que segur que la Generalitat també li donarà suport.

R.A. Això ho faré senyor Alcalde.

P.M. Sr. Ardèvol, li prego que no tanqui El Molino, l'Ajuntament a partir de l'octubre entrarà com assessor aportant unes quantitats que s'estudiaran conjuntament. En Miquel Lumbierres, coordinador de cultura, es posarà en contacte amb vostè per programar la primera reunió el més aviat possible.

R.A. Alcalde Maragall, moltes gràcies. Jo el que vull és no haver de tancar El Molino!

En un parell de dies, vam celebrar la reunió al Palau de la Virreina amb el Sr. Lumbierres, el qual es va refermar en els arguments exposats per l'alcalde però sense concretar cap partida econòmica. Per la meva part, vaig manifestar que estava disposat a lliurar les claus de El Molino, sense res a canvi, per tal d'assegurar la seva continuïtat i la de tots els artistes i treballadors.

Els mitjans de comunicació, van donar per fet que el mític *Music-Hall* seria subvencionat, sense especificar quantitats, terminis i condicions.

Personalment em vaig creure que l'ajut de l'ajuntament arribaria, aleshores la prioritat era estrenar el nou espectacle. I ens hi vam posar amb la passió de sempre.

Mentrestant, seguint el consell de l'alcalde, demano audiència amb el President Pujol, al qual ja coneixia d'una reunió que, a petició seva, havíem mantingut per un tema que no tenia res a veure amb el Teatre del Paral·lel. Com que El Molino era de màxima actualitat, em va citar ràpidament.

Després de les salutacions protocol·làries, li vaig exposar la situació. Em va escoltar amb molta atenció i en finalitzar em va dir: "Aneu a veure al Conseller Guitart, ell us donarà la possible solució al vostre problema". Ens vam acomiadar i vaig sortir amb renovades esperances.

La reunió amb el Conseller de Cultura Joan Guitart, es va produir només sol·licitar-la, era evident que tenia instruccions. Al Sr. Guitart també el coneixia d'un parell d'ocasions que ens havia visitat a El Molino. Em va rebre amb tota cordialitat, de seguida em vaig adonar que era coneixedor, en termes generals, de la situació en què es trobava El Molino. Li detallo alguns aspectes i li demano la possibilitat d'estudiar alguna subvenció que ens ajudi a tirar endavant.

La seva resposta no es va fer esperar i va ser molt diàfana: "Si les representacions es fessin en català us ajudaríem però en castellà és del tot impossible". Aclarir que, en els nostres espectacles, sempre hi havia un quadre en català, però aquesta quota no li devia semblar suficient. El vaig mirar sostingudament i li pregunto: "Amb quins Artistes?" Em respon: "Amb la Guillermina Motta, la Núria Feliu, etc..." Li etzibo: "Però vostè ha estat a El Molino, sap que fem *Music-Hall*, és un espectacle únic!" Vaig sortir de la reunió totalment decebut.

Com que soc un home de paraula, no volia faltar al meu compromís amb l'Alcalde Maragall. De manera que pensant en Barcelona i en el nostre Paral·lel, el 16 de juny del 1993, es va estrenar la que seria la meva última producció, *Rubias y Morenas*, encapçalada per dues joves vedets, Shirley Marsel i Karla Duarte, acompanyades per un contrastat elenc artístic, format per: Merche Mar, Pirondello, América Imperio, Antonio Vargas, Disimar, Lidia Moreno i el fabulós Ballet "El Molino".

Dissortadament i molt a contracor, a causa de la delicada situació econòmica, vam decidir prescindir de l'orquestra en viu, tenia un cost de 16 milions de pessetes l'any, i no ens ho podíem permetre. Per primer cop a la història, es va treballar amb *play-back* musical i veu en directe.

L'espectacle va tenir molt bona acollida, tant per part del públic com de la crítica, valorant positivament la feina de les dues joves vedets. Malgrat tot, l'assistència del públic continuava en dinàmica descendent. Però ja se sap, a l'estiu la gent va a la platja els caps de setmana i no estan per anar al teatre. Era una forma d'autoengany, tot i que era cert.

Tenia la mirada posada en la tardor, en espera de la proposta econòmica de l'ajuntament. I arribat l'octubre, la vam tenir: NO hi ha oferta, ni plantejament, ni projecte, ni ajut. Les promeses de Pasqual Maragall se les va emportar el vent.

La irrupció de les televisions privades amb programes espectacle com *La Mamachichos* de Tele 5 i altres estimulants produccions d'Antena 3, conjuntament amb l'emissió dels partits de futbol coincidint amb les funcions teatrals, van fer que el vaixell fes aigua per totes bandes i, cansat de perdre diners, em vaig veure obligat, amb tot el dolor de la meva ànima, a renunciar a un somni, a la gran il·lusió de la meva vida.

Bàsicament, el que jo no volia, era passar a la història com la persona que havia tancat El Molino. Aquest va ser el motiu principal pel qual, el meu fill i jo, vam decidir vendre el nostre 60%, al soci i amic Paco Beuter (epd), que encara creia que podia reflotar El Molino.

Malauradament, no se'n va sortir, i al cap de tres anys, novembre del 1997, El Molino va abaixar el teló definitivament.

Visita de Federico Fellini, Giulietta Masina i Jordi Grau.

Companyia El Molino a Montjuïc. Festes de la Mercè any 1989.

Estrena de la Revista "Rubias y Morenas", 10 de Juny de 1993.

Revista "Rubias y Morenas".

Amparo Moreno "100 Kilos de Vedette".

Lídia Moreno i Ballet.

Sketch, Merche Mar i Carlos Perry.

Homenatge a María Yañez, "Bella Dorita".

Capítol 19
" I TAMBÉ HI HAVIEN DE SER "

He deixat aquest capítol pel final del llibre, perquè el meu pare, sobre els artistes que esmentaré a continuació i a causa de la demència, no va poder completar la planificació que portàvem i també perquè, malauradament, alguns d'ells ja no són entre nosaltres.

Així mateix, crec que hi han d'aparèixer ja que van treballar molts anys amb nosaltres i van ser molt importants per a la nostra empresa durant l'època en què la dirigia el pare.

Aleshores, la major part del que llegireu a continuació, està basat en un exercici introspectiu cap a la meva infantesa i joventut, és a dir, en vivències personals amb aquests personatges.

Ramon Calduch – Josep Guardiola

Tinc un meravellós record d'aquest dos grans Artistes, sobretot de l'etapa en què van actuar plegats en el *Show a l'Americana.* Eren molt diferents entre sí però es complementaven extraordinàriament. Cadascú ja portava una llarga carrera professional, plena d'èxits, quan es van ajuntar pel projecte del *Show a l'Americana,* que va significar tot un esdeveniment en el món de l'espectacle.

En Ramon, amb la seva potent veu de tenor, s'havia convertit en el gran cantaire de la cançó tradicional Catalana. Era un home afable, ordenat, molt professional i amb gran sentit de l'humor. Això sí, una mica primmirat durant les proves de so.

Entre el pare i ell hi havia una molt bona amistat, fonamentada en el respecte i la seriositat en el treball per ambdues parts.

Recordo que, en una ocasió, potser va ser alguna més, vam anar de vacances per Setmana Santa les famílies Calduch i Ardèvol, a la Seu d'Urgell. També ens van acompanyar, els col·legues del pare, Antonio Centaño i Albert Grau amb les seves respectives famílies així com el cantant Carlitos Romano.

Sempre agrairé al Ramon que s'avingués a cantar en el meu casament, a l'església de Cabrils, i el tracte afectuós que sempre em va dispensar.

Actualment segueixo en contacte amb la seva esposa Pepita, amb la qual coincideixo en els actes de l'Associació de Veterans de RTVE.

En Josep, era el *crooner* espanyol, també anomenat el Frank Sinatra català.

Músic de formació, tocava el violí i el saxo. Tenia una veu profunda i vellutada que el dotava d'una personalitat inconfusible.

Quan jo el vaig conèixer a nivell professional, ja portava una llarga trajectòria artística molt reeixida. Havia representat Espanya en el Festival d'Eurovisió del 1963 i aconseguit discos d'èxit com *Sixteen Tons i Dí Papá* amb la seva filla Rosa Mari.

Pioner de la música popular espanyola, es va especialitzar a interpretar versions en espanyol de grans èxits internacionals, com *Venecia sin ti* de Charles Aznavour, *Los Niños del Pireo* de Melína Merkoúri o *Mack de Knife* de Bertolt Brecht y Kurt Weill.

En Josep era també molt professional, sortia a escena molt elegant, normalment amb esmòquing i amb el seu característic bigotet, tot plegat li donava una imatge distingida i refinada. En el seu *show*, interpretava algun tema amb el saxo i sorprenia el públic perquè el tenia catalogat només com a cantant.

Una de les característiques personals d'en Josep és que era molt despistat, en més d'una ocasió s'havia deixat el saxo, les sabates o els pantalons de l'esmòquing. Davant aquesta situació s'ho prenia amb calma i bon humor, aquesta era també una de les seves qualitats, i sempre se'n sortia amb alguna solució improvisada d'última hora.

El pare, amb el seu caràcter nerviós, es desesperava quan succeïa un d'aquests oblits, tot i que sempre deia que, malgrat tot, "amb el Josep és impossible emprenyar-se". Eren companys, camarades i amics que es professaven respecte, admiració i afecte.

El Show a la Americana

Tot el bagatge musical, la qualitat i el talent d'aquests dos grans artistes, es van conjugar per muntar el *Show a la Americana.* Un espectacle a l'estil Las Vegas, amb interpretacions a duet de grans estàndards internacionals, actuacions individuals amb els seus propis èxits i un final apoteòsic, cantant ambdós, a tocar del públic, aquells temes de pell de gallina. En algunes ocasions també hi havia participat la Salomé.

Treballar amb tots dos era un plaer, ho posaven molt fàcil i els *bolos* es convertien en una feina molt agradable. Les esperes als camerinos, les amenitzaven amb un reguitzell d'anècdotes i acudits que ningú es volia perdre. I el més important, l'èxit artístic estava garantit.

Superada aquesta època d'estius de bogeria amb viatges constants i actuacions dia sí, dia també, van continuar actuant fins una edat considerable, que no recordo exactament, i conservant les seves qualitats artístiques intactes.

Quan es van retirar dels escenaris, vaig continuar mantenint el contacte amb ells, i ens vèiem esporàdicament.

Les morts, primer d'en Ramon al 2008 i quatre anys més tard la d'en Josep, em van deixar la sensació, que una part important de la meva joventut s'esvaïa per sempre. Em quedaven els records dels grans moments que vam viure i pensar que això no ens ho pot arrabassar ningú.

El pare també va quedar molt tocat, en el funeral d'en Josep em va dir a cau d'orella: "Jo seré el següent". Va morir el 4 d'abril del 2017.

Rudy Ventura

Si hagués de definir en Rudy amb una paraula, aquesta seria *entusiasme*. Saltava a la vista que estimava la seva professió de músic. Sempre acompanyat per la seva trompeta, no tenia un no per a ningú.

Va treballar molts anys amb el seu conjunt, amenitzant les Festes Majors de Catalunya amb la seva música de ball. Enregistrà molts discos, alguns d'ells es van fer populars com *Mustapha* o *La Monyos*.

Amb la nostra empresa va actuar majoritàriament com a solista en els espectacles que presentàvem. En aquest context és quan vaig tenir una relació més estreta amb ell.

La seva imatge estava molt associada al Barça, per qui va compondre algunes partitures. Aquesta circumstància propiciava que fos molt ben rebut a tot arreu on actuava. Era capaç de crear una sinergia amb el públic i transmetre aquella vehemència musical que el caracteritzava.

En una ocasió teníem una actuació a les festes de Felanitx (Mallorca). Era un concert amb altres artistes de l'època, al Rudy el vam incorporar a darrera hora perquè hi havia una baixa per malaltia d'un dels artistes contractats. El recinte de festes tenia un aforament de més de 3.000 persones i l'escenari, de grans dimensions, no era el més adequat per a una actuació amb playback i veu en directe.

Tots els artistes s'havien d'adaptar a aquestes condicions, prefereixo no dir noms, però sobre el paper jo pensava que, qui ho tenia més difícil, era en Rudy.

Em vaig equivocar de ple, es va convertir en el gran triomfador de la nit, amb la seva trompeta i simpatia a dojo, es va emportar el públic de carrer. El va fer anar per on va voler: - Braços amunt! ... Braços avall! ... Ara saltem! Us ho podeu imaginar, oi?

En aquell viatge vam connectar, vaig descobrir el Rudy, artista i el Rudy persona. Són les coses bones d'aquesta feina.

El pare i en Rudy, Jaume Ventura segons el seu DNI, eren amics i nascuts el mateix any 1926. La seva relació no era tan intensa com la que tenia amb en Ramon i en Josep però formaven un quartet imparable quan estaven junts, jo em delia amb els relats i les històries que explicaven.

Una cosa de la qual em sento molt satisfet, és que, quan vaig ser president d'ARC, l'associació de promotors, representants i managers de Catalunya, se'ls va retre un reconeixement a tots tres, al Rudy, al Ramon i al Josep, a tota la seva trajectòria artística, conjuntament amb altres artistes catalans, en el marc dels primers Premis ARC.

En Rudy va morir l'any 2009 i, per circumstàncies logístiques, per trobar-me de viatge, em va ser impossible assistir al seu funeral. Em va saber tan greu no poder acomiadar un personatge irrepetible!!

Santi Sans

Va ser un dels primers imitadors catalans, els personatges populars de l'època com Raphael, Julio Iglesias, Luis Aguilé o Alfonso Sánchez, desfilaven pel seu *show* sempre amb respecte i simpatia.

En Santi com a humorista, fugia de l'humor groller i d'utilitzar un vocabulari farcit de paraules gruixudes o insults. El seu humor era més de doble sentit, més intel·ligent. Una de les imitacions més sol·licitades i que més satisfaccions li va donar, va ser la de Salvador Dalí.

Era un Artista amb diferents registres, això li va permetre, a part d'exercir com humorista, fer d'actor en obres de teatre i també a la televisió. Tenia bona imatge i millor reputació.

En Santi era, per damunt de tot, una bona persona, aquest és el concepte que guardo d'ell després de tractar-lo durant molts anys. Molt professional, mai una paraula per sobre de l'altra, un home prudent... potser massa.

A Producciones ERA s'hi va quedar 18 anys com artista exclusiu, i no recordo cap fet rellevant negatiu per ambdues parts. Tot al contrari, la seva prudència el va portar a no assabentar el pare, de la sospita de robatori per part d'un dels nostres empleats, que es dedicava a estafar alguns artistes de la casa mitjançant falsos contractes.

Una de les últimes feines que va fer per a la nostra empresa, va ser com actor en un espectacle amb Lita Claver, *La Maña* i Paz Padilla que es deia *Nacidas para el Humor* al Teatre Goya de Barcelona. Per uns dies va haver de deixar les representacions per malaltia. El va substituir Ricardo Moscatelli, però de seguida que li van donar l'alta es va tornar a incorporar. Com sempre, va complir a la perfecció, en fi, un plaer i un luxe comptar amb ell com artista i com a company.

Ens anàvem veient quan coincidíem en algunes estrenes teatrals, en les quals cada cop el trobava més despistat i és que la demència s'estava apoderant del seu cervell.

Morí el 22 de gener del 2020 als 86 anys.

En el seu funeral, els seus fills, em van regalar, com a recordatori, el llibre de Memòries que va escriure el seu pare, *La Meva Eina és l'Espectacle.*

La seva lectura em va servir per acabar de conèixer aquell home bo, amb el qual havia compartit moltes hores de la meva vida.

Josep Casas

Va exercir com a cantant d'orquestra durant anys, fins que, procedent de l'orquestra Amoga, va començar a treballar amb la nostra empresa com a cantant solista, interpretant el repertori popular i tradicional de la cançó Catalana.

Juntament amb Ramon Calduch, eren els dos cantaires titulars dels espectacles de Festa Major que el pare organitzava.

Físicament era un home de complexió forta, de mitjana alçada que cuidava molt l'alimentació i la salut en general. Tenia una veu potent i una gesticulació escènica natural que el feia creïble i proper a l'espectador.

De caràcter vehement però no exempt de certa innocència, de vegades era objecte de les juguesques dels companys, sobretot dels Germans Calatrava que li tenien presa la mida.

Això sí, esperava amb delit el mes de setembre, temporada de *bolos* de la província de Lleida, per omplir de fruita un parell de cistells que sempre portava al maleter del cotxe. Quedi clar, que ell no era l'únic membre de la companyia i que no es tractava de cap furt, es recollia la fruita que, per si mateixa, queia madura dels arbres fruiters a peu de carretera.

També és cert, que alguns ajuntaments, en finalitzar l'espectacle, tenien el detall d'obsequiar els artistes amb una caixa de préssecs o qualsevol altra fruita de temporada. Una gentilesa molt d'agrair.

Quan els espectacles de varietats van anar perdent pistonada, vam optar per produccions més unipersonals, aleshores en Josep i altres artistes, a poc a poc, es van anar difuminant fins a desaparèixer de les contractacions.

Gradualment vam anar perdent el contacte i a hores d'ara ja fa anys que no en tinc notícies. Sovint acostumo a pensar que "No News, Good News".

Abraçada gran Josep!

Boby

Curiós personatge, li deien *El humorista de guante blanco*, perquè els seus acudits eren blancs i amb un llenguatge col·loquial sense cap malícia. No era cent per cent professional, deien que era viatjant de corbates. Una certa ambigüitat l'envoltava ja que ningú, ni el pare, coneixia la seva vida privada.

Jo, llavors, era molt jovenet, estem parlant de finals dels anys 60, aleshores i puntualment, assistia amb la mare i la meva germana Irene, a alguna Festa Major propera al nostre lloc d'estiueig, on actuava l'espectacle del pare, per veure'l a ell i estar una estona plegats tota la família. Lògicament, ens quedàvem a veure la funció, però a mi el que m'agradava era entrar als camerinos.

En Boby, que en realitat es deia, Lluís Cervera, em queia molt bé. Sempre educat, molt simpàtic i atent amb la meva mare. Ja entrat en la cinquantena, desprenia bones maneres i seny.

En opinió del pare, era l'Artista de complement ideal, el seu humor no fallava mai, sortia com a segon número de l'espectacle, agafava el públic fresc i amb ganes de riure. No era gens problemàtic.

Part del seu repertori era de collita pròpia. Recordo que, el Màgic Andreu, li va comprar els drets d'un esquetx que ell havia escrit.

Li vaig perdre la pista, no fa gaire temps em van informar que havia traspassat.

Gaietà Renom

Un gran tenor nascut a Barcelona l'any 1913, vinculat a l'Orfeó Català, actuà com a primera veu solista durant més de cinquanta anys. També va ser conegut com a fundador del quartet vocal Orpheus. Va cantar al Liceu i als teatres més importants d'Europa.

Suposo que amb el pare es van conèixer a Ràdio Barcelona. En Gaietà, actuava en els seus espectacles i en els festivals de la

Ràdio, interpretant un repertori de cançó tradicional Catalana. Evidentment tenia una gran veu i una dicció primorosa.

El pare, el tenia en gran estima, eren molt amics. Tot sovint, en Gaietà i la seva esposa Carme, assistien a casa a les celebracions familiars. També hi era present el Padre Arsenio, un capellà amic del pare, de l'època que retransmetia el rosari radiat des de l'església dels pares Dominics. Les fotos dels àlbums així ho confirmen.

De qui guardo un gran record és de la seva filla Maria Glòria. Va ser la meva mestra particular durant més de 6 mesos, quan vaig estar convalescent a casa d'una malaltia que em va impedir assistir a l'escola amb normalitat. Gràcies a ella no vaig perdre el curs.

Cassen

Casto Sendra Barrufet, vet aquí el nom real d'aquest genial humorista tarragoní, nascut l'any 1928.

Va treballar amb el pare durant molts anys per les Festes Majors de Catalunya, com a màxima figura de l'espectacle, i va ser artista exclusiu de Producciones ERA. Les seves intervencions en pel·lícules tan importants com *Plàcido* de Luis García Berlanga i *Atraco a las Tres* de José M. Forqué, li van aportar gran popularitat. També les seves incursions en el Teatre i la Revista hi van contribuir.

Als *bolos* sempre l'acompanyava el seu cunyat Ricardo, que l'assistia, pacientment, en la preparació de tot el necessari pel seu *show*.

Cassen, es va inventar la frase "Es broma" que repetia sovint al final d'algun acudit una mica punyent. La seva entrega era encomiable però un xic desmesurada quant a la durada del seu espectacle, ja que en ocasions el perjudicava més que el beneficiava. El pare li insistia sempre en aquest aspecte, i en Cassen n'era conscient, però quan pujava a l'escenari perdia la noció del temps.

Va morir molt jove, als 62 anys víctima d'un càncer de colon.

Es va córrer la veu que, si no hagués amagat els símptomes de la malaltia, potser hagués pogut salvar la vida, però això només Déu ho sap.

Juanito Navarro

Era un dels actors còmics més importants i representatius de la Revista Espanyola. Anualment, feia temporada en el Teatre Apolo de Barcelona de Matías Colsada, amb gran èxit. Des de moltes poblacions de Catalunya, hi arribaven autocars a veure la Revista.

Aquesta circumstància va portar el pare, l'any 1980, si no m'erro, a contractar-lo a ell i tota la seva companyia per girar per les Festes Majors de Catalunya.

Juanito Navarro era un gran artista, excepcional com a persona i un home de paraula. Us explicaré el perquè. Quan el pare, al mes de setembre, li va proposar la gira per la temporada següent ell va acceptar i van tancar un acord econòmic. Tanmateix, va succeir que Juanito Navarro i l'actor Simón Cabido, amb el personatge de "Doña Croqueta", van irrompre en un programa de TVE que es deia *300 Millones* amb tanta força que van aconseguir una popularitat increïble a nivell de tota Espanya.

En vista d'aquest boom inesperat, el pare es veia venir que Juanito Navarro li demanaria un increment del catxet acordat. Aquest fet hagués suposat un gran problema ja que s'havien venut moltes dates en el preu inicial.

Res més lluny de la realitat, quan el pare tímidament li va plantejar la situació, en Juan, com habitualment el tractava fora de l'escenari, li va etzibar: "Yo soy un hombre de palabra por encima de todo. Sé que podria hacerlo pero sería contra mis principios. Ricardo, sólo te pido una cosa, que firmes las máximas galas posibles, no quiero descansar ni un dia".

I així va ser, de les 40 actuacions previstes se'n van fer més de 100, quan no hi havia actuació en una Festa Major, buscàvem un teatre per treballar a percentatge. S'esgotaven les localitats a tot arreu, va ser un fenomen espectacular.

El pare li va proposar formar part de la cartera d'artistes de l'oficina, va acceptar i vam treballar plegats durant molts anys. Entre ells va sorgir una bona amistat, mai no va generar cap problema.

Jo tenia molt bona relació amb ell, i em quedo amb una frase que sempre deia: " De esta vida sacarás lo que metas, nada más".

Morí l'any 2011 als 86 anys.

La Trinca

El pare conjuntament amb el seu col·lega i amic Albert Grau (epd), van ser els primers representants de La Trinca. Els van donar a conèixer per totes les Festes Majors de Catalunya fins que, a finals del 1969, van enregistrar un disc amb el nom de *Tots som Pops,* del qual es van vendre més de cent mil còpies, i van esdevenir una revelació. A partir d'aquí la seva carrera es va disparar.

El pare, per raons personals, va decidir no continuar amb la representació del grup, l'Albert Grau se'n va fer càrrec.

Artistes de companyia

Aquests artistes també van formar part, durant anys, de les companyies de varietats i van contribuir, amb la seva qualitat artística, a què els espectacles de Ricardo Ardèvol fossin els més ben valorats.

Lolita Valcárcel i Antonio Valencia (Cançó Espanyola), Lola i Pavón (Parella de Ball), Carmina Serra (Ballarina), Tonyka (Humorista), Olga Nova (Humorista), Los Espontáneos (Rumba), José Luis Campoy (Cançó Espanyola), Niño de Baena (Cançó Espanyola), Luis Lucena (Cançó Espanyola), Julio Madrid (Cançó Espanyola), Ondina (Vedet), Lidia Moreno (Vedet), Sílvia Parker (Vedet), Krik – Krak (Humoristes), Marlik i Plans (Humoristes),

Victor Balaguer (Cançó Catalana), Robín Marcos (Cançó Catalana), Companyia de Comèdies i Sarsueles Ferran Rigual, El Chico de Michigan (Cançó Mexicana), Trio Guadalajara (Cançó de Sud-amèrica), Los Guacamayos (Cançó de Sud-amèrica), Mag Xevi (Màgia), Selvin (Ventrilòquia i Màgia), Ballet Gin-Pack (Gino i Paco), Ballet Elite (Carol Figueras), Ballet Frankie, Ballet Badeba (Susana Larriba), Joaquín Gasa, Jr. (*Showman)* Joan Gimeno (*Showman*) Víctor Guerrero (*Showman*) José Luis Barcelona (Presentador), Irene Mir (Presentadora), Tony Guerrero (Presentador).

Músics

A continuació, alguns dels músics que van col·laborar amb el pare, acompanyant espectacles, dirigint grups musicals o participant en els seus recitals amb l'ambientació musical dels poemes.

Bernardo Gómez del Campo, Antoni Mas, Francesc Burrull, Jesús Moreno, Conjunt Club Virginia, Conjunt Tropical Pop.

Des d'aquestes pàgines la meva gratitud.

Agents artístics

Col·legues i alguns autèntics amics, constituïen la xarxa de col·laboradors a tot Catalunya.

Joan Boada (Lleida), Joan Planas (Girona), Josep Ferrer (Olot), Joan Planas "Pachot" (Llagostera), Francesc Lleixà (Roquetes), Joan Fatsini (Amposta), Josep Mª i Ernest Barceló (Móra d'Ebre), Joan Centaño (Tarragona), Jos Novellón (Bcn), Ernest Bustamante (Bcn), Josep Poses (Bcn), Jordi Morell (Bcn) Albert Grau (Bcn), Antonio Centaño (Bcn), Paco Soldevilla (Sabadell), Joan Llobet (Bcn), Salvador Victori (Manresa), Manuel Marimón (Granollers) i Fèlix Ruisánchez (Sant Vicenç de Castellet).

L'*Staff*

No podia finalitzar aquest capítol, sense relacionar algunes de les persones que van formar l'equip humà de Producciones ERA / ERA Produccions, sense elles i la seva dedicació, hagués estat impossible assolir amb èxit els objectius que any rere any s'aconseguiren.

Secretàries

Merche.

Disculpeu però no recordo el cognom, devia tenir uns quinze anys, sé que vivia al barri de Gràcia de Barcelona. Jo era molt jovenet, estudiava el batxillerat. Va ser la primera secretària que vam tenir.

Mercedes Gómez

D'aquelles persones que deixen petjada. Tot el personal del despatx l'apreciàvem molt, una persona en la qual podies confiar, et donava tranquil·litat i era molt eficient.

A nivell personal vam fer molt bona amistat, els dos érem del signe escorpí i ens enteníem molt bé.

Va deixar el despatx per anar a treballar a l'empresa Canon. Malgrat tot, sempre ens trucava al pare i a mi per felicitar-nos pel nostre aniversari. Nosaltres també sempre li corresponíem.

La seva mor prematura, fa tan sols tres anys, em va colpir molt. En la darrera conversa que vam tenir, ambdós ignoràvem que seria l'última. Ella també desconeixia que una ràpida malaltia li llevaria la vida.

Pilar Lagunas.

Sempre venia de bon humor a treballar, es va caracteritzar per l'eficiència, la generositat i la lleialtat. Tinc un gran record d'ella però hem perdut el contacte.

Departament Publicitat

Miquel Gasch.

Una persona productiva i eficaç en les tasques del despatx que, a més, exercia de tècnic d' il·luminació en els espectacles.

De tarannà positiu i de bon humor, ni els problemes de salut del seu fill Miquel Àngel, que afortunadament va superar, podien amb la vitalitat d'en Miquel.

Sempre li estaré agraït per les visites que va fer al pare quan vivia a la residència. Es va comportar com un bon amic. Ens continuem veient.

David Martínez.

Va substituir en Miquel Gasch, era molt jove quan va entrar a l'empresa. Bona persona, va aportar vitalitat i es va aplicar a les noves tecnologies.

ERA Produccions va ser una bona escola per a ell. Va exercir de mànager quan va finalitzar la seva etapa a l'empresa. Avui dia seguim en contacte.

Producció

Enric Comellas.

Li va tocar assumir el difícil paper de mantenir l'empresa en funcionament mentre el pare feia les Amèriques. No és perquè sigui el meu cosí gran, però se'n va sortir sobradament i va adquirir experiència i coneixements.

Paco Pociello.

Va ser la mà dreta del pare durant molts anys però es va comportar molt malament traint la seva confiança. En aquells temps era el propi pare qui portava la comptabilitat, la del mitjó, sense massa rigor, cal dir-ho tot i ell se'n va aprofitar. També enredava alguns artistes de la casa amb dobles contractes amb menys diners.

El més greu és que el pare no se'n va assabentar mai fins que a l'any 91, quan ell ja havia deixat el despatx i el portava jo, vaig començar a investigar i parlar amb els artistes. A més, en certs *bolos* que es cobraven en metàl·lic, van començar a succeir coses estranyes com que l'havien atracat, li havien liquidat de menys o havia pagat de més a un mànager que se sabia que no comptava mai els diners del sobre.

Ho vaig acabar d'esbrinar quan, un artista de tota confiança, a requeriment meu, em va confessar que ja li havia liquidat les comissions d'una gira pel País Valencià, les quals, segons en Pociello, l'artista s'havia negat a pagar.

El que va començar amb petits furts, s'havia convertit en contínues sostraccions de quantitats més importants per tal de mantenir les seves addiccions.

El vaig convocar a una reunió i em va reconèixer que tot era cert. Em va demanar que no ho fes públic. Com que en el fons jo l'apreciava, pels mots anys de bona relació, li vaig voler donar una sortida airosa. Vam acordar que es jubilaria, passava l'edat amb escreix, i plegaria de l'empresa i, a canvi, jo guardaria silenci.

Vam pactar també un pla per retornar els diners.

Un cop va sortir de la nostra empresa, el va contractar en Matías Colsada com a gerent del Teatre Apolo. La història es va repetir, va tocar el dos a València amb la recaptació de la darrera actuació de la companyia en gira.

Va ser una llàstima que acabés la seva carrera professional dilapidant el seu prestigi i la seva dignitat personal.

Al pare li va saber molt greu quan li vaig explicar, ja que ell li havia donat l'oportunitat de sortir del món del taxi i començar a treballar a Producciones ERA, atorgant-li tota la seva confiança.

També l'havia introduït en el nostre àmbit familiar, arribant a passar algunes Festes de Nadal amb nosaltres, a causa de la seva situació familiar.

A nivell personal, vaig quedar molt decebut de tot aquest afer, ja no per a mi, que també, sinó pel que va significar pel pare.

Mai no va retornar ni un cèntim.

Tinc entès que va morir a València, fa quatre o cinc anys, allunyat de tot.

Cinta Blancas.

Provenia de l'agència Àrea de l'Espectacle. Ens va aportar la seva cartera de clients d'ajuntaments, una parcel·la de negoci que nosaltres no tocàvem i que va contribuir a incrementar la facturació i el prestigi de la nostra agència.

Bona persona, gran professional, quan va plegar de l'oficina, per motius personals, se'n va anar a viure a Andalusia. Seguim mantenint el contacte.

Comptabilitat

Agustí Comellas.

Es va encarregar de posar ordre a la part dels números de l'empresa, fent també tasques de producció. Recordo les llargues reunions que mantenia al despatx amb en Francesc Pigrau, marit de Mary Santpere, per explicar-li la facturació i els ingressos que havien generat les actuacions de la Mary amb la finalitat que el seu gestor, pogués tenir la informació ben detallada i transparent per tal de realitzar la declaració de la renda.

Amb l'Agustí, també cosí meu, vam acordar que mentre estudiés econòmiques, adaptaria l'horari de l'oficina a les classes i que, quan acabés la carrera, ell decidiria si continuar o no al despatx. Va optar per dedicar-se al que havia estudiat, va fer bé. El món de l'espectacle és molt dur i, sobretot, vocacional.

No cal dir que tant amb l'Agustí com amb l'Enric, ens seguim relacionant en el si de la nostra família.

El seu col.lega i amic Joan Boada a Lleida.

Al Camerino amb Mary Santpere i Boby.

Ricardo, Mary Santpere, Ramon Calduch i Josep Guardiola.

En companyia de Rocío Durcal.

Compartint amb Raphael.

A Buenos Aires amb Luisito Rey i Luís Miguel.

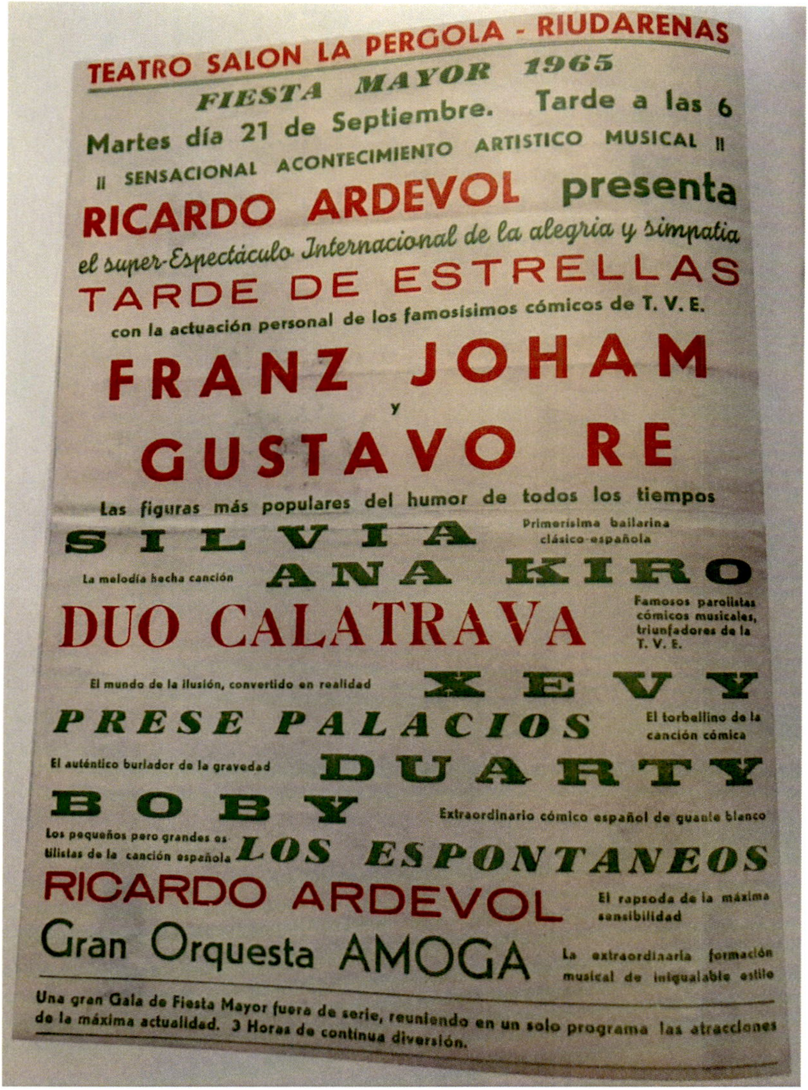

Cartell Festa Major de Riudarenas, 1965.

Ramon Calduch i Ricardo Ardèvol amb les seves esposes, Pepita Mayol i Irene Comellas.

UN CAFÈ AMB... DÚO DINÁMICO
(Ramón Arcusa – Manuel de la Calva)

Nuestro primer contacto recordamos que fue en Radio Barcelona, donde lo conocimos y nos hizo varias entrevistas. Eran nuestros inicios y Ricardo Ardèvol fue fundamental en ellos.

No recordamos si nos enteramos a través de él o fue gracias a nuestro representante de entonces, el Sr. Riera, de que el senyor Ardèvol organizaba la mayor parte de las *Festes Majors* en Catalunya. Sí que fue, en cuanto adquirimos algo de popularidad, el motor que impulsó decenas y decenas de actuaciones por toda la geografía catalana. Íbamos con nuestra guitarra y un maletín con las partituras de nuestras canciones y en cada *Festa Major*, ensayábamos, ya bien fuera con la Orquesta Maravella u otra *cobla* contratada o con los músicos que acompañaban a José Guardiola, Ramón Calduch, Rudy Ventura o Dodó Escolá.

Recorrimos con Ricardo Ardèvol casi cada pueblo, grande o pequeño de Catalunya. Él, aparte de organizar todo, presentaba el espectáculo y además recitaba poesías, era famoso por ello, cosa que la gente esperaba, y era muy querido allá donde iba. Era un hombre afable, simpático, jamás con mal genio ni una palabra de más, y guardamos de él el mejor de los recuerdos. Durante varios años fue testigo y cómplice de nuestro éxito: él presentando sus espectáculos y nosotros cantando en ellos. Fue un gran profesional, amante de la música y siempre cumplió todos sus compromisos.

Tenemos presente la última vez que lo vimos, y fue cuando vino a vernos a actuar en el Palau de la Música, hará como unos siete u ocho años (su hijo Ricard es nuestro representante en Catalunya), y recordamos con nostalgia y humor las peripecias de nuestros viajes por aquellas carreteras de Dios cuando actuamos en cada *Festa Major* de pueblos que casi no figurarían hoy en Google Maps.

Gracias, Ricardo. Fuiste imprescindible en aquellos tiempos duros cuando España despertaba de la dictadura, y crecimos contigo.

UN CAFÈ AMB... LITA TORELLÓ

Com i quan vas conèixer el meu pare?

Corria l'any 1955 (tenia 9 anys), a Ràdio Barcelona, al programa Club Infantil que dirigia Vicente Calpe, *Toni.*

Què et va decidir a treballar amb ell?

No ho vaig decidir jo, va ser entre el Sr. Ardèvol i la meva mare, que exercia les funcions del meu "representant".

Et va donar algun bon consell?

El millor consell, era veure'l treballar, era incansable.

Quant temps vau treballar plegats?

Des de l'any 1955 fins a l'any 1963 amb molta freqüència. A partir d'aquest any, amb menys assiduïtat, ja que les meves actuacions no eren en espectacles, sinó individualment.

Va ser important per a la teva carrera professional?

Crec que sí que va ser important ja que l'aprenentatge que vaig adquirir amb ell, va omplir de responsabilitat la meva carrera artística.

Es van complir les teves expectatives respecte a la feina que ell podia desenvolupar?

Com que vaig començar sent una nena, per mi era com anar a jugar a cada actuació, més tard, sí que vaig poder valorar el seu treball d'organització i planificació de l'espectacle.

En quin moment es trobava el món de l'espectacle?

L'espectacle era totalment diferent del d'avui. En primer lloc, el públic estava assegut a platea observant-te, no podies fallar, la majoria eren envelats de Festa Major. Si tenies la sort d'actuar amb una bona orquestra, perfecte, en cas contrari, a patir.

Què destacaries de la seva personalitat?

Tenia una personalitat forta, per poder dirigir dos espectacles en un dia i en diferents localitats en programació de tarda i nit. En cas contrari, no ho hauria pogut fer. Era molt perseverant.

Creus que el fet que ell fos locutor de ràdio i rapsoda tenia influència en el tracte amb els artistes? Us podia entendre millor?

Sí, per descomptat, ja que tenia psicologia suficient per saber molt bé amb qui tractava.

Un cop va finalitzar la relació professional, vas seguir mantenint una relació personal?

Sí, perquè tots dos pertanyíem a l'Associació de veterans de RTVE. Jo a través del meu marit, que va treballar al mitjà tota la seva vida laboral. I allà ens trobàvem, a tots els esdeveniments que s'organitzaven.

Recordes algun fet o anècdota que sigui interessant comentar?

Veritablement eren anys difícils, però els recordo amb afecte i enyorança. La paraula treballar NO existia, era a cada *bolo*, a cada gala, actualment, anar de festa.

Encara recordo els poemes que recitava el Ricardo a cada espectacle (que, lògicament, ens els sabíem de memòria) els deia amb tot el cor i sentiment.

UN CAFÉ CON... LOS HERMANOS CALATRAVA

¿Cómo y cuándo conocistéis a mi padre?
Año 1954 en Radio Barcelona. El programa *La Comarca nos Visita*. Íbamos el primer domingo de cada mes. Ricardo era el jefe de control de sonido. Empezamos cantando en serio y al cuarto programa Paco se quedó afónico y empezó a hacer mímica ... y el público a reír.

¿Qué os decidió a trabajar con él?
Ricardo nos dio un *bolo* en el casino de Pueblo Nuevo de Barcelona y nos pagó 100 pesetas.

¿Os dio algun buen consejo?
Siempre nos aconsejaba. Éramos dos niños Manolo 14 años y Paco 11.

¿Cuánto tiempo trabajásteis juntos?
Treinta años en exclusiva.

¿Fue importante para vuestra carrera professional?
Muy importante. Nuestra primera actuación en Venezuela la firmó él, con el representante Enzo Morera para la Radio Caracas Televisión.

¿Se cumplieron vuestras espectativas con respecto al trabajo que él podia desarrollar?
Todas las expectativas.

¿En qué momento se encontraba el mundo del espectáculo?
En el mejor momento.

¿Qué destacaríais de su personalidad?

Seriedad y profesionalidad.

¿Pensáis que el hecho de que él fuera locutor de radio y rapsoda tenia influencia en el trato con los artistas? Os podía entender mejor?

Por supuesto. Rapsoda es parte del arte y locutor y presentador es parte del espectáculo. Tenía que entendernos y nos entendía.

Una vez finalizada la vinculación profesional, ¿continuasteis manteniendo la relación personal?

Nos vimos muchas veces y fuimos a actuaciones suyas como Rapsoda.

¿Recuerdas algun hecho o anécdota que sea interesante comentar?

Paco no paraba de hacer bromas y a Ricardo le hizo varias.

Ricardo se compró un Mercedes de segunda mano y fuimos a un *bolo*. El conducía, a su lado una vedet y detrás Paco y yo. Eran las dos de la madrugada y a mi hermano se le ocurre dar golpes con una llave en el cenicero. , al escuchar los ruidos paró el coche y salió a la carretera con un frío que pelaba y abrió el capó. Paco dejó de golpear y salió con él a mirar el motor.

Ricardo lo puso en marcha y al no escuchar el ruido arrancó. Esa operación la hizo mi hermano tres o cuatro veces más hasta que yo le pedí que parase. Ricardo con un cabreo con el coche y el ruido que al día siguiente fue al taller y le estuvieron revisando el motor y le dijeron que el ruido había desaparecido. Pagó la factura y se marchó. No nos atrevimos a decirle nada y al cabo de varios años se lo dijo Paco. Primero se enfadó pero se le pasó enseguida y terminamos riendo los tres.

UN CAFÉ CON... CONCHITA BAUTISTA

¿Cómo y cuándo conociste a mi padre?

Fue en Barcelona en 1965 cuando regresé de Eurovisión. Había fichado por la discográfica Belter y empecé a trabajar con tu padre y también con Antonio Centaño y Albert Grau. Posteriormente ya solo con tu padre pues era quien me daba más bolos.

¿Qué te decidió a trabajar con él?

Me cayó bien desde un principio. Era un señor muy simpático y extrovertido. Conectamos enseguida, teníamos *feeling,* como se dice ahora.

¿Te dio algun buen consejo?
Uno en concreto no recuerdo, pero él siempre daba buenos consejos.

¿Cuánto tiempo trabajasteis juntos?
Desde 1965, unos 15 años con intensidad, luego ya de forma más esporádica. Nunca perdimos el contacto.

¿Fue importante para tu carrera profesional?
Sí, marcó una época de mi vida profesional, sobretodo en Cataluña.

¿Se cumplieron tus espectativas con respecto al trabajo que él podía desarrollar?
Claro que sí, trabajamos intensamente y siempre sin ningún problema.

¿En qué momento se encontraba el mundo del espectáculo?

Para mí en el mejor momento, fue estupendo. Fiché por Belter y gracias a Eurovisión me hicieron una gran publicidad a nivel nacional y internacional. Viajé por toda Europa.

¿Qué destacarias de su personalidad?

Como he dicho era muy simpático y agradable. Además era un gran profesional, era honrado, te podías fiar de él.

¿Piensas que el hecho de que él fuera locutor de radio y rapsoda tenia influencia en el trato con los artistas? Os podía entender mejor?

Sí, por supuesto, tenia empatía con los artistas, era un buen conversador con una voz que acariciava.

Una vez finalizada la vinculación profesional, ¿continuaste manteniendo la relación personal?

Sí, pero como yo residía en Madrid y él en Barcelona casi siempre por teléfono.

Recuerdas algun hecho o anécdota que sea interesante comentar?

Destacar que nunca tuve ningún problema con él, era buen pagador, te facilitaba el trabajo, sabía perfectamente lo que necesitaba cada Artista en cada momento.

Guardo muy buen recuerdo de aquella época y de tu padre.

UN CAFÈ AMB... JESÚS MORENO (MÚSIC)

Com i quan vas conèixer el meu pare?

El 1947, jo tenia 16 anys i ja tocava en una orquestra de ball que es deia Àmbar i actuàvem al Paral·lel. Els diumenges a les 14h, anàvem a Ràdio Barcelona i tocàvem unes cançons per fer publicitat del Ball Apolo. Allà ens vam conèixer ja que ell pertanyia a l'emissora i treballava com a encarregat d'emissions i locutor.

Què et va decidir a treballar amb ell?

Passats uns anys, jo ja tenia orquestra pròpia i ell començava com a productor d'espectacles. Em va proposar contractar-me per actuar a les Festes Majors; vaig acceptar perquè ja el coneixia i tenia fama de bon professional.

Et va donar algun bon consell?

Ricardo Ardèvol tenia molta experiència en el món de l'espectacle i vaig aprendre molt d'ell.

Quant temps vau treballar plegats?

Aproximadament des del 1947 fins a finals dels 80's. El Ricardo ja havia muntat la seva pròpia agència d'espectacles. Jo estava treballant amb la meva orquestra en els creuers de la companyia Royal Caribean i als estius, quan jo venia de vacances a Barcelona, feia *bolos* amb la meva orquestra acompanyant els seus espectacles de varietats per Catalunya i Mallorca.

Va ser important per a la teva carrera professional?

Va ser molt important ja que, amb la feina que em donava, vaig aprendre coses noves que desconeixia.

Es van complir les teves expectatives respecte a la feina que ell podia desenvolupar?

Sempre, i en tot els sentits, mai no vàrem tenir cap problema i tot va anar molt bé.

En quin moment es trobava el món de l'espectacle?

En aquells anys hi havia molta feina per a qui volia treballar.

Què destacaries de la seva personalitat?

Ricardo Ardèvol era tot un personatge i sempre sabia molt bé el que havia de fer.

Creus que el fet que ell fos locutor de ràdio i rapsoda tenia influència en el tracte amb els artistes? Us podia entendre millor?

Crec que sí, el Ricardo ens entenia molt bé, treballar amb ell era una tranquil·litat molt gran.

Un cop va finalitzar la relació professional, vas seguir mantenint una relació personal?

Sí. De fet, passats uns anys quan ell, ja retirat de la primera línia, decideix fer recitals com a rapsoda, em va cridar perquè jo fos el seu pianista.

Recordes algun fet o anècdota que sigui interessant comentar?

A mitjans dels anys 90's, anàvem a gravar un CD de poemes. Em comenta que n'hi haurà deu, per tant, haig de preparar deu fons musicals. La meva sorpresa és que el mateix dia de la gravació, ja a l'estudi, em diu que enlloc de deu seran dotze, degut a què en el CD hi caben dues poesies més. Vaig tenir d'improvisar sense cap partitura, afortunadament va quedar molt bé.

UN CAFÈ AMB... SALOMÉ

Com i quan vas conèixer el meu pare?
Va ser a Ràdio Barcelona, crec que l'any 1961.

Què et va decidir a treballar amb ell?
Em va trucar per fer un *bolo* i el vaig veure seriós quant a la feina. A partir d'aquell dia vam començar a col·laborar junts durant molts anys.

Et va donar algun bon consell?
Ell no era mànager i llavors els artistes érem molt autodidactes, però sí recordo que valorava molt la meva puntualitat i em posava com exemple a la resta d'artistes.

Quant temps vau treballar plegats?
Jo crec que des de l'any 1963 fins a finals dels 80's.

Va ser important per a la teva carrera professional?
Sí, perquè em va fer guanyar molts diners.

Es van complir les teves expectatives respecte a la feina que ell podia desenvolupar?
Sí, vam treballar moltíssim per tot Catalunya i mai no vaig tenir cap problema amb ell, ens enteníem molt bé.

En quin moment es trobava el món de l'espectacle?
A principis dels 60's la societat estava canviant i la música també, vam sortir molts artistes nous.

Què destacaries de la seva personalitat?
Era una persona molt planera i amb molt sentit de l'humor. Quan estàvem junts ens fèiem un tip de riure.

Creus que el fet que ell fos locutor de ràdio i rapsoda tenia influència en el tracte amb els artistes? Us podia entendre millor?

I tant que sí, ell era més artista que representant o empresari, presentava els seus espectacles com ningú i com a rapsoda també recitava poemes molt entranyables. Era un plaer treballar amb ell.

Un cop va finalitzar la relació professional, vas seguir mantenint una relació personal?

Quan jo venia a Barcelona, si actuava a la sala Las Vegas del carrer Aribau, el visitava al despatx del carrer Tuset, o ell venia a la sala a veure l'actuació. També per telèfon ens anàvem parlant tot sovint. Pensa que van ser molts anys de relació i amistat. Ens teníem molt d'afecte mútuament.

Recordes algun fet o anècdota que sigui interessant comentar?

El que més recordo era la bona entesa que hi havia i els farts de riure que ens fèiem amb la Mary Santpere, el Ramon Calduch, el Josep Guardiola i el teu pare.

Em ve també a la memòria que, quan anàvem a treballar a Lleida, un cop finalitzat el *bolo,* ens trobàvem tota la companyia a La Panadella i allà, mentre sopàvem i comentàvem com s'havia desenvolupat l'espectacle, el teu pare ens anava cridant a la seva taula per lliurar-nos un sobre amb els diners en efectiu. ¡Quins temps!

UN CAFÉ CON... ANDRÉS PAJARES

Es una lástima que mi memoria se quede corta, para hablar de un hombre tan importante del espectáculo en Cataluña como Ricardo Ardévol.

Con él realicé una gira de verano muy intensa por todas las Fiestas Mayores de Cataluña.

Nuestro punto de partida y de regreso era el Paralelo, un lugar único en el mundo, como la gran Vía de Madrid, avenidas que poco a poco han ido perdiendo sus esencias más características para convertirse en arterias de tráfico frenético. Afortunadamente los espacios escénicos no han desaparecido, pero ahora la gente no pasea como antes, van directamente al teatro donde se representa el espectáculo que han elegido.

Habitualmente al llegar del *bolo,* tomábamos un refrigerio en algún bar que todavía estaba abierto y comentábamos las anécdotas que nos había deparado la actuación de aquella noche.

Ricardo, me dio la oportunidad, de comprobar el respeto que el público catalán le tiene al Artista, sea cual sea su procedencia.

Yo que había hecho galas por toda España, quedé asombrado del silencio con que se escuchaba al Artista en aquellos entoldados y pabellones repletos de público hasta la bandera, un autentico gustazo.

En los espectáculos de variedades que Ricardo organizaba, coincidí con artistas con quien luego trabajamos juntos, como Mary Santpere en la película *Macky Navaja* y *La Maña* en *Macky Navaja 2*. También con Moncho, el gitano del *bolero*, Peret, Serrat y otros artistas muy importantes con los que compartí muy buenos momentos. Ahora sería impensable.

Nuestro espectáculo en gira del verano de principios de los 80's, si mal no recuerdo, era de variedades arresvistadas, se titulava *Currar y Reír.* Estaba formado por un gran ballet y un par de atracciones de las cuales no tengo presente el nombre. Yo hacía varias intervenciones a lo largo del *show,* encarnava diferentes personajes como *Pepín de Triana* o el *Currante*, todas ellas muy distintas entre sí que eran recibidas con gran aceptación por parte del público.

El espectáculo contaba con un buen equipo de luz y sonido y una escenografia espectacular. Fuimos los primeros en proyectar un audiovisual en este tipo de producciones.

Referente a la persona de Ricardo, era un hombre elegante y presumido. Muy simpático y sobre todo, buena gente. Me recordaba mucho a mi padrino, Antonio Quintero, porque olía muy bien. Se peinaba a conciencia, no dejaba ni un pelo a su libre albedrío, bigote recortado, era impecable en todos los sentidos.

Ricardo siempre tuvo para conmigo un trato exquisito y educado. Trataba a todos los artistas con cariño y simpatía, algo fuera de lo normal en nuestro sector.

También era un gran rapsoda, recitaba en los espectáculos de una forma muy personal. Él procedia de la radio, donde yo lo conocí. Me lo presentó mi representante, José Luis Pascual, un decano de la profesión, en un programa de Radio Barcelona.

Una vez finalitzada la gira de *Currar y Reír,* continuamos trabajando, algunos años más, pero ya de forma más esporádica en galas y convenciones.

Luego yo empecé a hacer teatro, cine, televisión, mis propias producciones y eso fue enfriando un poco nuestra amistad. Sin embargo, en Navidades, siempre nos hablábamos para felicitarnos las fiestas.

Con quien he mantenido más el contacto, ha sido con su hijo, *Ricardito,* jugador de rugby que ejercía de técnico audiovisual y *road manager* de la compañía en la gira, a quien yo le tenía y tengo mucho cariño.

Además en los años sucesivos, era él quien venía, por parte de Producciones ERA, a las galas y convenciones. También, en ocasiones, habíamos coincidido en diferentes programas de televisión a los que yo iba como invitado y el como mánager de alguno de sus artistas.

Me alegro mucho de poder colaborar en este libro, mi respeto y admiración para Ricardo Ardévol, que ha sido un hombre importante y fundamental en el espectaculo en Cataluña, sobre todo en lo referente a las *varietés,* y está muy bien que su hijo le honre con estas memorias.

UN CAFÉ CON... LITA CLAVER LA MAÑA

¿Cómo y cuándo conociste a mi padre?

Conocí al Sr. Ricardo Ardèvol a principios de los 80`s. Yo estaba trabajando en El Molino, sin ningún dia de descanso semanal, y le comenté a Rafael, mi marido, que concertara una entrevista con él para ver la posibilidad de hacer galas y dejar El Molino.

¿Qué te decidió a trabajar con él?

El agobio de trabajar en El Molino durante siete años consecutivos, me decidió a visitarle en su despacho de la calle Tuset para proponerle la posibilidad realizar galas en las Fiestas Mayores de Catalunya.

Nos recibió con una amplia sonrisa, detecté que sus ojos me miraron con cariño y admiración, parecía un galán.

Su respuesta a mi proposición fue muy positiva, respondió que sería un placer trabajar juntos pero que tendría que sembrar, dado que era una incógnita cuál sería la respuesta del público al verme fuera de El Molino.

¿Te dio algun buen consejo?

Siempre me dio buenos consejos, sobre todo al principio en los primeros *bolos* que hicimos. Me cuidaba mucho.

¿Cuánto tiempo trabajasteis juntos?

Aproximadamente, más de 30 años como artista exclusiva de Producciones ERA, porque cuando él dejó la oficina para dirigir El Molino, continué contigo hasta que me retiré en el Teatro Apolo de Barcelona en 2018.

¿Fue importante para tu carrera profesional?

Muchísimo! Era un hombre con tanto carisma que aprendí de él cómo presentar un espectáculo. Esto me ayudó en las produccions que años más tarde realicé en el Teatro Arnau como directora y empresaria.

¿Se cumplieron tus espectativas con respecto al trabajo que el podia desarrollar?

Se cumplieron, y de tal forma que jamás me lo hubiese imaginado.

Era muy perfeccionista y exigente en su trabajo, tanto para los artistas como para los organizadores de los ayuntamientos. Cuando observava que alguna cosa no se hacía bien, sacaba a relucir su carácter y hasta que no estaba todo perfecto no comenzaba el espectáculo.

¿En qué momento se encontraba el mundo del espectáculo?

Esplendoroso!! Prácticamente todos los teatros estaban llenos.

¿Qué destacarias de su personalidad?

Uf!! Como ya he dicho, tenía mucho carisma. Era muy simpático, cariñoso y señor, aunque también tenía muy mala leche.

Ricardo era muy romántico y enamoradizo, a todas las mujeres les veía un encanto, pero tenían que ser pequeñitas, de estatura, claro.

¿Piensas que el hecho de que él fuera locutor de radio y rapsoda tenía influencia en el trato con los artistas? Os podía entender mejor?

Yo creo que a Ricardo su madre lo parió Artista. Sabía perfectamente como tratarnos. Su faceta de locutor y rapsoda era un tanto más a su favor. Además era el presentador del espectáculo y cuando nos tocaba salir, dejaba el público arriba del todo. Era una gozada!

Una vez finalizada la vinculación profesional, ¿continuaste manteniendo la relación personal?

Por supuesto, tanto él como toda su familia, han sido parte de la mía. Lo quise mucho y sabes que os quiero a todos. Esto será así mientas viva.

¿Qué significó para ti El Molino?

Todo. Llegué al Molino siendo una desconocida y al poco tiempo el público me convirtió en Artista imprescindible de este maravilloso local, llegando a ser su máxima figura.

¿Recuerdas algun hecho o anécdota que sea interesante comentar?

Hay muchísimas! Daría para escribir otro libro.

La anécdota que más recuerdo, sucedió un domingo de agosto en una calle Tuset, casi desierta, donde habíamos quedado para viajar a un *bolo.*

Resulta que tu padre llevaba unos vaqueros que le quedaban muy holgados del trasero, en plan jocoso le comenté: " ¡Ricardo, hijo mío, llevas unos tejanos que parece que te has "cagao"!

Qué dije! Su reacción immediata fue ponerse a gritar como un loco: "¡Acaso te he dicho yo como llevas las bragas"!

Empecé a reírme a mandíbula batiente, y cuanto más se enfadaba más me reia yo.

La historia terminó riéndonos los dos juntos.

Nunca nos enfadamos porque nos queríamos muchísimo.

UN CAFE CON... LAS HURTADO (Teresa y Fernanda)

¿Cómo y cuándo conocisteis a mi padre?

Nos conocimos en Madrid cuando vino a contratarnos para hacer la gira por Catalunya. Corría el mes de Octubre de 1981.

¿Qué os decidió a trabajar con él?

Era el mejor representante de artistas que había y el único que quiso contratarnos como trío cómico, ya que, en aquellos tiempos, los humoristas hombres eran los únicos que contaban.

¿Os dio algún buen consejo?

Sí, que cantáramos siempre en directo, cosa rara porque lo habitual en aquella época era cantar en *playback* en un tipo de *show* como el nuestro.

¿Cuánto tiempo trabajasteis juntos?

Seguimos trabajando con su descendencia después de 30 años, con su hijo.

¿Fue importante para vuestra carrera profesional?

Fue decisivo, porque fue la primera vez que nos contrataban para galas .

Se cumplieron vuestras expectativas con respecto al trabajo que él podía desarrollar?

En eso fue el único que cumplió nuestras expectativas.

¿En qué momento se encontraba el mundo del espectáculo?

En un momento que empezaban las galas para todos los artistas

¿Qué destacaríais de su personalidad?

Era muy perseverante y perfeccionista. Además de ser representante siempre fue amigo de sus artistas

¿Pensáis que el hecho de que él fuera locutor de radio y rapsoda tenía influencia en el trato con los artistas? ¿Os podía entender mejor?

Sí, porque era un artista como nosotras y nos entendió siempre muy bien.

Una vez finalizada la relación profesional, ¿continuasteis manteniendo la relación personal?

Nunca finalizó para nosotras tres la relación profesional y personal. Hoy seguimos con la misma admiración con su hijo Ricard.

¿Recordáis algún hecho o anécdota que sea interesante comentar?

Una vez contratadas, quiso que conocieramos el mítico *Music Hall* El Molino. Ricardo nos dijo: "Veréis un espectáculo increíble! Único en el mundo!" Y así fue. Nos sorprendió la sinergia entre espectadores y artistas. Nos sirvió de mucho.

Al finalizar la función, salió él personalmente al escenario, con *La Maña* y toda la compañía en escena, nos presentó al público que nos brindó una gran ovación. Vivimos una noche mágica!

UN CAFÈ AMB... JOAN PERA

En els meus anys d'infantesa, com gairebé tots els de la meva generació, els meus ídols eren els locutors de Radio, i concretament, els components del quadre de Radio Barcelona, EA J 1. Entre ells, qui mes admirava era un senyor que es deia Ricardo Ardèvol, que cada diumenge al mati, apareixia a les ones recitant uns versos magnífics amb una manera de fer tan especial que encisava. Quan el locutor anunciava: Amb tots vostès Ricardo Ardèvol, "el Rapsoda de la Máxima Sensibilidad"... a casa meva s'aturava el temps i la mare i jo escoltàvem amb gran plaer el Rapsoda que tan bé sabia modular la veu, emocionant-nos d'una manera especial. Val a dir que la mare era una enamorada de la poesia i jo un petit aprenent d'actor il·lusionat amb aquelles poesies. A casa meva Ricardo Ardèvol era tot un referent. Puc ben dir que aquell senyor del qual només en coneixia la veu, va marcar el meu futur.

Aquell programa va durar anys i anys... Don Ricardo, com ens agradava de dir-li, va continuar dedicant-se al teatre que tant l'apassionava i estenent per tot Catalunya, actors, companyies, rapsodes i cantants, fins a convertir-se en el més important representant de l'Escena a tot el nostre país.

Jo vaig continuar lluitant per la meva carrera d'actor. Un bon dia ens vam conèixer. Jo l'admirava i ell que sabia de la meva admiració i que, d'alguna manera seguia els seus passos, també tenia una certa simpatia per aquell jove que volia recitar tan bé com ell. Quan ens trobàvem sabíem que tant l'un com l'altre érem de la colla tocats per l'art de Talia.

Don Ricardo es va convertir en un senyor important pel teatre del nostre país. I jo vaig començar a sortir a la tele*; El Dr. Caparrós, Amor meu, El xou de la Família Pera...*Un bon dia vam tenir una conversa i em va proposar treballar per ell en els teatres de Catalunya... la meva primera reacció va ser declinar l'oferiment; no em sentia preparat... era entrar en un món d'entrega total, al teatre i al públic. Fins llavors per mi, el teatre havia sigut un joc, un entreteniment. Treballar per Produccions ERA, com es deia la productora del Ricardo, era un compromís i un rigor que només persones com el Ricardo, podien assolir; em feia por. El vaig decebre una mica; si algun dia t'hi repenses, truca'm. T'esperaré.

Jo en aquell temps era pare de 4 fills. Una barbaritat pels temps que corrien. La meva dona va tornar a quedar embarassada inesperadament i vam tenir bessonada. Érem sis!

El mateix dia vaig trucar al Ricardo i li vaig dir; Ricardo; el que tu vulguis. Ara són sis, necessito treballar... Encara riu.

"No pateixis, et faré un artista" ... jo estava mort de por. Em vaig posar a les seves mans i puc dir que per primera vegada, em vaig sentir professional de debò. " Fes això... Fes això altre, cartells amb Joan Pera... Anirem a aquest poble, a aquella ciutat, fes-te veure, deixa que la gent t'estimi... Sigues generós... pensa que la gent t'espera i et vol veure tal com ets... " El millor representant que he tingut mai."

Va ser una gira de quasi dos anys realment esplèndida i amb el mestratge i la vigilància del mestre en tots els detalls. Es veritat que era un gran professional, i molt exigent, però també una gran persona que estimava el teatre i la seva feina com poques persones he vist a la vida. Coneixia l'escenari i tots els seus secrets... i els artistes i totes les seves pors i inseguretats... Sempre era al teu costat; a totes les més de 100 funcions que vam fer aquells anys des del començament fins a la caiguda del teló ell era allà observant ... i alguna vegada quan es posava a recitar com a fi de Festa era una meravella.

He treballat molt, al teatre, a la tele, al cinema...però enlloc he après tant com en la meva relació amb el Ricardo Ardèvol. Sempre hem mantingut una relació d'amistat i d'admiració mútues que ni el pas del temps ha fet disminuir... He col·laborat en les seves vetllades poètiques i ens hem trobat contínuament al teatre en múltiples funcions.

El temps, els anys, han fet inevitable el pas de la vida i Don Ricardo ja no hi és. El recordarem com una persona que va fer gran el teatre i la cultura de tot un país. Va viure una vida dedicada a la cultura del poble i per al poble, potser hauria sigut més gran en un altre país, però es indubtable que Ricardo Ardèvol, va tenir una vida important.

UN CAFÈ AMB... AMPARO MORENO

Com i quan vas conèixer el meu pare?

Havia sentit parlar d'ell per la ràdio quan l'anomenaven " el Rapsoda de la máxima sensibilidad".

El vaig conèixer personalment al 1983, quan em va contractar per formar part de la companyia de El Molino.

Què et va decidir a treballar amb ell?

Sabia que era un bon professional i entrar al Molino era una gran oportunitat per a mi.

Et va donar algun bon consell?

En concret no en recordo cap, però cal dir que els seus comentaris eren sempre molt valuosos.

Quant temps vau treballar plegats?

En El Molino, quatre anys. Tres temporades en la primera etapa, vaig marxar un any i al següent m'hi vaig incorporar per una temporada més.

Després amb la seva agència Producciones ERA, vaig fer molts *bolos* a les Festes Majors de Catalunya.

Va ser important per a la teva carrera professional?

Sí, importantíssim. El meu pas per El Molino va marcar la meva trajectòria professional. Encara avui hi ha gent que m'ho recorda pel carrer.

Es van complir les teves expectatives respecte a la feina que ell podia desenvolupar?

Sí, i tant. Va ser un empresari molt considerat i la meva feina a El Molino em va omplir molt.

En quin moment es trobava el món de l'espectacle?

En referència al *Music-Hall*, estava en un moment àlgid, la gent feia cua al carrer per entrar a El Molino. Els dissabtes fèiem tres funcions, totes plenes a vessar.

Què destacaries de la seva personalitat?

El Ricardo era un home molt presumit. Anava sempre ben vestit i molt polit. Es posava molt cofoi quan li deies que anava molt guapo.

Creus que el fet que ell fos locutor de ràdio i rapsoda tenia influència en el tracte amb els artistes? Us podia entendre millor?

Indubtablement, sobretot aquesta faceta seva es posava de manifest quan, després de deixar El Molino, fèiem *bolos* per Catalunya. Tot sovint sorgien imprevistos que ell resolia de forma magistral perquè l'Artista se sentís sempre còmode i a gust.

Un cop va finalitzar la relació professional, vas seguir mantenint una relació personal?

Sí, vam seguir en contacte, ja que ell era el president de l'Associació Cultural *El Cor de l'Art* i, sempre que m'ho demanava, col·laborava en els esdeveniments que organitzava a La Casa del Mar.

Què ha significat per a tu El Molino?

Un abans i un després en la meva carrera professional. Sempre m'he sentit molt orgullosa de la meva etapa Molinera, va ser una escola que em va servir per tot el que he fet després, en teatre, cine i televisió.

Recordes algun fet o anècdota que sigui interessant comentar?

I tant! Pel muntatge del nou espectacle de El Molino, em vaig plantejar fer un número "Sado Maso" en conya.

Per instruir-me i documentar-me en aquest món que desconeixia, vaig anar a un local que es deia *Las Cuevas del Sado,* acompanyada pel Ramon Muntaner (epd), a qui havia demanat que composés la música. Prèviament havia parlat amb l'encarregada per telèfon i en donar-me a conèixer i exposar l'objectiu de la visita, es va mostrar molt predisposada a col·laborar.

I cap allà que vam anar. Ens va ensenyar el *cuarto de enemas, el ataud con mirilla i el potro de tortura,* entre d'altres elements *sados.* Ens van donar algunes pautes de conducta, com que *l'Ama humilia* i és la dominant, però que en aquestes relacions no hi ha sexe.

Amb tota la il·lusió em vaig reunir amb el teu pare per presentar-li la informació obtinguda i l'esquema del que seria el quadre Sado -Maso en clau d'humor.

Va posar cara de circumstàncies i em va apuntar: "Tu creus? Això no s'ha fet mai! No ho acabo de veure, vols dir?"

En sentir aquella resposta tan tèbia i plena de dubtes, li vaig etzibar amb molta fermesa i convenciment: "Sí!! Ricardo, això és modern!! Que estàs antiquat!!"

La meva determinació el va convèncer. I va ser un Èxit!!

Una altra anècdota que recordo, va ser quan al camerino de la Merche Mar va explotar la televisió i es va activar el sistema antiincendis. Els dispositius del sostre van començar a llançar aigua per la mort de Déu.

Públic i artistes en "paños menores", sortint alhora atropelladament, amb la sensació que hi havia un incendi de gran magnitud. Afortunadament no va ser així i en pocs minuts compareixen els bombers i prenen el control de la situació.

Podíem haver mort abans ofegats que cremats!!!!

Malgrat el gran ensurt succeït, la funció no es va suspendre i el públic ho va agrair amb una gran ovació. *The show must go on.*

UN CAFÉ CON... MANOLO ROYO

¿Cómo y cuándo conociste a mi padre?

Lo conocí en el Paral·lel de Barcelona. Ya me habían hablado mucho de él, sobre todo los Hermanos Calatrava que trabajaban en exclusiva en su agencia y Lita Claver, *La Maña*, que me decía: con él, ni faltará el trabajo, ni el cobro. Lo observé y siempre iba vestido correctamente. Unido esto a su seriedad y sus modales lo hacían resaltar de los demás.

¿Qué te decidió a trabajar con él?

Los Hermanos Calatrava, como digo, ya le habían hablado de mí, de manera que más pronto que tarde me puse en contacto con él y llegamos a un acuerdo para hacer una primera gala. La cosa quedó bien e iniciamos un largo y fructífero camino.

¿Te dio algun buen consejo?

Los consejos los predicaba con su ejemplo. Llegaba el primero, repasaba sus apuntes en el camerino, se hacia la prueba de sonido... Un día me dijo: "Recuerda que contra más despacio hables, más gente se reirá". Yo por entonces hablando superaba en dos veces la velocidad del sonido.

¿Cuánto tiempo trabajasteis juntos?

Años no recuerdo cuántos pero nos fue bien y tuve la oportunidad de actuar en la mayoría de las Fiestas Mayores de Catalunya.

¿Fue importante para tu carrera profesional?

Sí, porque con sus espectáculos solo dependías de ti, no de que te fallara el micrófono, las luces o el camerino.

¿Se cumplieron tus espectativas con respecto al trabajo que él podía desarrollar?

Sí, unos años más que otros pero siempre en la línea de calidad al público. Había años de firmar 40 galas y hacer 32 pero eso nunca fue problema porque había más años.

¿En qué momento se encontraba el mundo del espectáculo?

En ese momento en el que las grandes figuras comenzaban a dar sus conciertos en grandes locales, campos de fútbol etc. y bajaban las contrataciones de las revistas y espectáculos de *varietés*.

¿Qué destacarias de su personalidad?

La profesionalidad, la seriedad de la que hablaba al principio, eso se notaba en sus montajes.

¿Piensas que el hecho de que él fuera locutor de radio y rapsoda tenía influencia en el trato con los artistas? Os podía entender mejor?

Sí, claro, sus poesías salpicadas entre las actuaciones hacían un espectáculo más ameno, eso que da la sensación de que se te pasa el tiempo volando. El tempo con el que presentaba era entretenido, de un profesional de la radio.

Una vez finalizada la vinculación profesional, ¿continuaste manteniendo la relación personal?

Por supuesto, no con la misma intensidad, puesto que ya no habían galas ni viajes, pero sí el respeto y el cariño.

¿Recuerdas algun hecho o anécdota que sea interesante comentar?

En un pueblo de Tarragona, el señor Ardévol presentó a la popularísima Ágata Lys, que días antes, en unas declaraciones a la prensa, comentó en exclusiva que era virgen. Tras ella fui llamado al escenario y no pude contener lo que llevaba rumiando toda la tarde, así que le dije a don Ricardo justo cuando hacia su mutis: "¡Ardévol! … ¡A Ágata Lys hay que matarla como a las cucarachas! … ¡A polvos! " Parece que no le sentó muy bien el comentario, a ella tampoco, pero el público se partió de risa, que es lo que yo pretendía.

UN CAFÈ AMB... RAMON (El de Filiprim de TV3)

Com i quan vas conèixer el meu pare?

Vaig conèixer al teu pare al 1978, en el seu despatx del carrer Tuset, després d'haver gravat el meu primer disc. Ens va presentar en Pere Vidal Ñaco, que, per a dir-ho d'alguna manera, va ser el primer que es va fixar en mi en matèria discogràfica. Recordo que vaig fer una actuació "de prova" compartint escenari amb Ramon Calduch, Josep Guardiola i Josep Casas, entre altres artistes que no recordo. L'actuació va ser un èxit i des d'aquell dia ja vaig formar part, com a "titular" de la plantilla d'Espectacles Ardèvol.

Què et va decidir a treballar amb ell?

Sense cap mena de dubte la cordialitat amb què em va acollir i que va confiar en mi des del primer moment. Teníem molt bona sintonia i en aquella època, ja llunyana, Espectacles Ardèvol, amb ell al capdavant, era el número 1 pel que fa a l'organització d'espectacles. Sempre oferia qualitat artística i mai ningú no quedava defraudat.

Et va donar algun bon consell?

El consell que em va donar, i que sempre recordaré, va ser que en sortir a l'escenari no anés vestit com un funcionari, que em pensés alguna indumentària més adient amb el món artístic. Tenia raó.

Quant temps vau treballar plegats?

No sabria dir-te els anys que vàrem treballar junts, però van ser molts i molt esgotadors. Recordo que l'estiu de 1983 vaig fer 90 *bolos*. Vaig haver de contractar un conductor, perquè m'adormia al volant. En aquelles èpoques els espectacles duraven cinc hores ben bones i a mi em feia sortir gairebé sempre al final.

Va ser important per a la teva carrera professional?

Sí, perquè d'alguna manera, abans de començar a sortir diàriament a TV3, ell ja havia confiat plenament en mi i, de fet, en ho passàvem molt bé en els viatges inacabables parlant una mica de tot: del bé i del mal, i arreglant el món, que mai no havíem previst que acabés com està a dia d'avui.

Es van complir les teves expectatives respecte a la feina que ell podia desenvolupar?

Jo era nou a l'ofici, per tant no tenia clares les expectatives que tenia, però una vegada llançada la meva carrera artística com a humorista, veritablement les noves expectatives creades es varen complir amb escreix.

En quin moment es trobava el món de l'espectacle?

Es trobava en la plenitud. No hi havia poble, per a petit que fos, que no organitzés el seu espectacle i, clar, l'Ardèvol no hi podia faltar. Era més conegut ell que Julio Iglesias.

Què destacaries de la seva personalitat?

Era una persona molt simpàtica que coneixia molt bé tant el públic com els artistes i empatitzava molt bé. Tal vegada, la capacitat de ser empàtic la destacaria per damunt d'altres aspectes que adornaven la seva personalitat.

Creus que el fet que ell fos locutor de ràdio i rapsoda tenia influència en el tracte amb els artistes? Us podia entendre millor?

Sense cap mena de dubte quan un és dins del món artístic, i ell hi era de ple, comprèn millor el que passa dins els vestidors, per tant sap, molt millor que d'altres, arreglar qualsevol malentès o discussió que es pogués generar. Tractava molt bé els companys artistes i tots el vèiem com un més de la companyia. Amb les seves presentacions ens deixava a tots com si fóssim una estrella acabada de caure del cel i, clar, un sortia a l'escenari amb la moral alta i amb el públic entregat abans de començar. Crec que això era molt important per a generar seguretat en un mateix.

Un cop va finalitzar la relació professional, vas seguir mantenint una relació personal?

Si, encara que menys fluïda, vàrem seguir fent cosetes junts, bé sigui en programes de ràdio o en actuacions que ell organitzava a la Casa del Mar de Barcelona en què sovint em demanava si volia col·laborar. I a veure, després de tants anys, ni se't passava pel cap dir-li que no. Ben al contrari, era un plaer retrobar-lo i fer-la petar una estona.

Recordes algun fet o anècdota que sigui interessant comentar?

Home, una cosa, que tots esperàvem, quan l'actuació era per terres lleidatanes era, en arribar a la Panadella, a l'hora que fos, fer un pa amb tomàquet amb embotits. Allà es comentava tot el que havia passat i fèiem les darreres riallades per a tancar la nit. N'estic segur que, tots els artistes que treballàvem amb ell, això ho recordem perfectament.

UN CAFÈ AMB... MERCHE MAR

Com i quan vas conèixer el meu pare?

Vaig conèixer el teu pare quan començava a voler ser artista i tenia la intenció de dedicar-me al món de l'espectacle.

Seria cap a l'any 1965, vaig anar amb el meu pare a la seva oficina. Jo era menor d'edat i no podia treballar a segons quins llocs i en altres ho podia fer amb un permís patern.

El Ricardo, em va donar alguns *bolos,* no recordo quants, ja que també en vaig fer amb altres representants.

Què et va decidir a treballar amb ell?

Era un gran professional i el meu pare confiava amb ell. Jo començava....

Et va donar algun bon consell?

El cert és que com que en sabia molt i tenia molta experiència, més d'un.

Quant temps vau treballar plegats?

De forma més intensa quan ell va ser l'empresari de El Molino, uns tretze anys aproximadament, del 1981 al 1994.

Van ser anys molt intensos amb dues funcions diàries i tres funcions els dissabtes. Una època meravellosa, amb molts bons moments i també, d'altres, no tant. L'època daurada de El Molino.

Fou un bon empresari i un honest representant. La seva vida era l'espectacle, el portava dins.

Va ser important per a la teva carrera professional?

Realment abans de l'època Molino vaig treballar molt poquet amb ell, quan ell va arribar al Molino ja era una Artista feta.

Es van complir les teves expectatives respecte a la feina que ell podia desenvolupar?

Sempre vaig confiar en ell, però no va ser el meu representant de quasi tota la vida, com en el cas de Lita Claver, *La Maña*.

En quin moment es trobava el món de l'espectacle?

Hi ha hagut de tot, han sigut èpoques amb llums i ombres. Tanmateix és un món meravellós i entranyable. Tota la meva vida l'he dedicada al món de l'espectacle. Diví, l'adoro, l'estimo!!

Què destacaries de la seva personalitat?

El teu pare va ser un home encantador, guapo, elegant, educat, simpàtic i culte.

Creus que el fet que ell fos locutor de ràdio i rapsoda tenia influència en el tracte amb els artistes? Us podia entendre millor?

Era un gran coneixedor del món de l'espectacle. Recitava amb molta passió i sabia tractar els artistes perquè ell també ho era.

Un cop va finalitzar la relació professional, vas seguir mantenint una relació personal?

Sí, abans i després i fins al final, vam tenir una molt bona relació personal, d'amistat, no d'amor... He! he!...

Era un gran seductor, sabia de l'espectacle i de l'amor.

Què ha significat per a tu El Molino?

El Molino era un local amb una màgia increïble, la proximitat del públic creava una atmosfera i una intimitat molt diferent a la d'altres teatres més convencionals. Aquest fet, propiciava que els espectadors vinguessin disposats a col·laborar amb els artistes, la sinergia era completa.

El Molino, internament, era com un laberint, ple de secrets, tafaneries, enamoraments, gelosies i enveges, en un món molt competitiu com és el de l'espectacle.

Per a mi, El Molino va ser la meva casa, l'escola, el meu niu de vivències, d'amors i desamors. En El Molino, he gaudit, he plorat i he patit. Malgrat tot va ser adorable, entranyable i meravellós.

Recordes algun fet o anècdota que sigui interessant comentar?

Sí, i tant!. Quan estàvem assajant una nova revista, la temporada 1998 si no recordo malament, vaig tenir un *rifi rafe* amb el Mestre Prada que era el compositor i director musical.

Molt enfadada, me'n vaig anar al despatx del Ricardo i li vaig etzibar que em negava a fer el nou número, no em semblava bé. El quadre en qüestió es deia *Los Culos*.

Al final em va convèncer, va ser un èxit.

Vaig signar la pau amb el Mestre Prada.

L'espectacle està gravat per TVE i encara es pot veure.

Jo soc molt visceral, ara amb els anys em controlo més.

No fa gaires anys, La Cubana va organitzar al Teatre Coliseum, un espectacle d'homenatge al Mestre Prada, que ja havia traspassat i em van convidar a participar-hi. Vaig interpretar la cançó que esperaven.

Es més, et diré que fins l'any 2008, la portava en el meu espectacle, li tinc una gran estima.

Una anècdota que no he oblidat, és un consell que em va donar el teu pare quan vam anar al Teatre Fortuny de Reus a fer un *bolo* amb la companyia de El Molino.

Poc minuts abans de començar l'espectacle, es presentà en el meu camerino i em va dir: "Merche, si us plau, actua exactament igual com si fossis a El Molino, no et tallis per la majestuositat d'aquest teatre, fes el que sentis de cor, vull que siguis com tu ets".

I va ser increïble!! Sempre li estaré agraïda!

Vaig aprendre moltes coses amb ell!

Ricardo t'estimo!

Mai t'oblidaré!

UN CAFÈ AMB... SERGIO DALMA

Com i quan vas conèixer el meu pare?

Als anys 80 vaig començar a treballar en un grup semiprofessional de Sabadell que es deia "Styl's", tots ells tenien al voltant dels 40 i pocs anys i tenien les seves feines, els caps de setmana tocàvem a Sales de Festes de Barcelona (Camoa, Bahía, Niza...) jo, en aquella època, tenia 16-17 anys. M'encantava escoltar-los parlar d'anècdotes i de música i els feia cas en tot el que em deien, era com una esponja. Al cap de poc temps vaig conèixer el "cubano" Félix Ruisánchez i em va fer com de representant i em va començar a ajudar de valent en aquest món de la música. Va ser ell qui, un dia, em va dir: "T'haig de presentar un gran amic meu, segurament que amb els seu vistiplau podrem fer coses importants". En Ricardo Ardèvol era "el que tallava el bacallà" en el món de l'espectacle a Catalunya i sobretot a Barcelona. Uf ! Això sonava molt fort i important i em va il·lusionar molt.

Què et va decidir a treballar amb ell?

En Ricardo Ardèvol em va donar l'oportunitat de començar a trepitjar algun escenari important a Barcelona i poder cantar en algun envelat. Viure d'una forma molt viva la Barcelona d'aquella època.

Et va donar algun bon consell?

Era un home molt entranyable, un *gentleman*, elegant i molt respectuós . Qualsevol cosa que em podia dir significava per a mi un gran aprenentatge, una *masterclass.*

Quant temps vau treballar plegats?

Jo diria que durant 5 o 6 anys em va anar donant *bolos* i ajudant-me junt amb el "cubano" a preparar-me per algun dia arribar a ser un "solista".

Va ser important per a la teva carrera professional?

A dia d'avui encara recordo amb molt de *carinyo* aquells primers anys de carrera i saber que vaig tenir el seu suport i els seus consells em fa sentir molt afortunat.

Es van complir les teves expectatives respecte a la feina que ell podia desenvolupar?

Vaig entrar en el món de la publicitat, cantant *jingles* per Ràdio i televisió durant 5 anys. Em sentia com un actor que, en pocs segons i gràcies a la veu cantant, havia de vendre un producte. Vaig tenir uns Grans Mestres: Jordi Vila, Manuela Domínguez, Ramon Llenas, les Germanes Ros... i la sort de poder formar part de "Canela Show", un grup amb el qual fèiem *bolos*, cantant a veus temes de Manhattan Trànsfer... i clar, tots aquells anuncis que sonaven en cada casa. Evidentment es va poder portar tot això en directe gràcies al suport i la bona feina del gran amic i empresari Ricardo Ardèvol. Ell sempre em va escoltar i ajudar amb tot el que es podia fer en aquells moments, tampoc era fàcil.

En quin moment es trobava el món de l'espectacle?

En general, en el món de la música en aquella època era molt de "grups", era complicat pels solistes. Cantar en aquelles sales de Barcelona va ser un molt bon aprenentatge.

Què destacaries de la seva personalitat?

Gran lluitador, molt coneixedor del món de l'espectacle per dins. Ell era "molt" artista. Un senyor, un *gentleman*. Jo quan el vaig conèixer per primera vegada, tan ben vestit, bronzejat i com parlava, em vaig quedar bocabadat.

Creus que el fet que ell fos locutor de ràdio i rapsoda tenia influència en el tracte amb els artistes? Us podia entendre millor?

Evidentment que sí, ell sabia posar-se a la pell de l'Artista i sempre et donava molt de *carinyo*. Molt positiu.

Un cop va finalitzar la relació professional, vas seguir mantenint una relació personal?

No ens vèiem tant, jo també vaig anar a viure a Madrid. Però les poques vegades que vam tornar a coincidir me'n vaig alegrar tant!!! Era bo tornar-lo a escoltar i que expliqués històries i anècdotes...

Recordes algun fet o anècdota que sigui interessant comentar?

Una persona molt important i molt influent en aquella època en el món de l'espectacle. El Paral·lel amb ell va lluir com mai ho ha tornat a fer.

Amb el Dúo Dinámico.

Gira Andrés Pajares, al seu costat José Luis Pascual.

Companyia Gira Las Hurtado, Manolo de Vega, Mariano, Cristina i grup Tropical Pop.

Paloma, Fernanda i Teresa Hurtado.

Un cafè amb Amparo Moreno.

Homenatge Hnos. Calatrava. Auditori de Salou, 26 de Maig de 2022.

En Joan Pera, un gran amic de la família.

L'entranyable Lita, "La Maña".

Un cafè amb Lita Torelló.

EPÌLEG

Arribats al final, de ben segur, que m'he deixat noms, persones que, quan caigui el llibre a les seves mans, podran pensar amb tristesa que les he obviat per algun motiu concret.

Puc afirmar, amb tota sinceritat, i demano disculpes per endavant, que haurà estat perquè en el meu exercici de revisió del passat, no he sigut capaç de situar-los en l'univers del pare.

I mireu que durant la redacció d'aquestes memòries em vaig fer un tip de parlar amb ell, com potser mai abans, fins i tot més que quan treballàvem plegats.

He de confessar que he gaudit molt escrivint aquestes memòries, recuperant i completant els textos que ell havia deixat redactats, conversant amb artistes amb qui feia anys que no parlava i revivint fets i esdeveniments que a mi també m'havien marcat.

Tanmateix, el més important per a mi, ha estat percebre el respecte, l'afecte i l'estimació que els amics i la gent de la professió tenia al meu pare. Com a fill me'n sento molt orgullós.

Durant tota la meva vida professional, sempre em qüestionava si sabria estar a la seva altura, m'aterria que en algun moment el pogués avergonyir. Un factor jugava a favor meu, jo no era artista, no sortia a l'escenari, un aspecte menys pel qual patir. Per sort i satisfacció meva, en més d'una ocasió em va demostrar la seva complaença amb el meu tarannà.

Espero que la lectura d'aquestes pàgines us hagi fet passar una bona estona, que hagueu descobert anècdotes i vivències de persones que, com el meu pare, ho van donar tot per l'espectacle.

M'acomiadaré de tots vosaltres amb les paraules que utilitzava el pare quan posava punt i final a l'espectacle.

Imagineu-vos: un teatre, un envelat, la banda sonora de *My Fair Lady* de fons, i amb els braços oberts al públic deia: "Moltes gràcies i fins l'any que ve, si vosaltres i Déu vol !! "

Aplaudiments, final sintonia, *Black out !*

AGRAÏMENTS

Hagués esta impossible tirar endavant aquestes memòries sense la col·laboració d'algunes persones que han estat fonamentals per desenvolupar aquest projecte.

L'Albert Turró, company i amic de quan jugàvem a rugby al Club Natació Barcelona, periodista i escriptor, ha sigut el meu guia espiritual i literari, una mena de "coach" com diuen avui en dia. Tot un luxe tenir-lo al meu costat.

Montse Ardèvol, la meva apreciada cosina de Reus, llicenciada en filologia catalana, ha polit i donat llustre als texts amb un rigor i dedicació encomiable. Aportant també, des del punt de vista familiar, una altra perspectiva que ha estat molt important. La seva implicació ha sigut total.

Carla Cabrera, la meva preuada neboda, s'ha fet càrrec de dissenyar i coordinar tota la part fotogràfica i d'imatge del llibre, una feina ingent que ha estat imprescindible per il·lustrar els texts.

Finalment, no em podia oblidar de l'Elvira, la meva estimada dona, a qui he d'agrair la paciència i comprensió per suportar les meves "Ardevolades".

Gratitud infinita a tots ells per confiar en mi i donar-me el seu suport incondicional.